Inhalt

Tag 1	Ein wundersames Haus	4
Tag 2	Brief an Tante Clara	6
Tag 3	Wer schreibt wem was? Der Bastelnachmittag	8 10
Tag 4	Zeitungsartikel aus Grünhausen Die beiden Ziegen	11 12
Tag 5	Laschwappenland	14
Rätselspaß	Witzig, witzig	16
Tag 6	Wildschweine	18
Tag 7	Von Rittern und Burgen	20
Tag 8	Wildbienen	22
Tag 9	Kinderzimmerkleiderschrankunordnung Stolperwörter	24 26
Tag 10	Rezepte: Schoko-Obst und Salat mit Banane Was macht der Wurm im Apfel?	27 28
Rätselspaß	Erstaunliches von uns Menschen Lustige Rätsel und Scherzfragen	30 31
Tag 11	Wolfgang Amadeus Mozart Richtig oder falsch?	32 34
Tag 12	Die neue Sitzordnung Der Löwe und die Maus	35 36
Tag 13	Informationen für Fußballfans	38
Tag 14	Stress am Bahnschalter	40
Tag 15	Anzeigen aus der Zeitung	42
Anhang	Textarten-Überblick Zum Schluss ... Spaß ohne Worte Puzzle	44 46 49

Ein wundersames Haus

Ich kenn ein wundersames Haus,
da gehn die Leute ein und aus,
die machen manchmal einen Krach,
da hebt sich fast das ganze Dach!

Karl Knallspaß, der vom ersten Stock,
macht Lärm für drei mit seinem Rock.

Frau Bellereiters kleiner Hund
tut jeden Ankömmling gleich kund.

Herr Schafekopf, der Herr ganz unten,
mag gern gesell'ge Kartenrunden.

Im vierten Stock Frau Fühlmichgut
singt viel aus reinem Übermut.

Die Kinder von Familie Schock,
die lachen laut im zweiten Stock.

Und auch im Dachgeschoss ganz oben
will Kleinkind Quirin oftmals toben.

Doch ist es wirklich wundersam,
wenn man recht lärmt so dann und wann?
Zeigt man damit die Freud am Leben,
so kann es doch nichts Bessres geben!

1 **Was will dir das Gedicht sagen?**

- ☐ Lärm stört andere Menschen, deshalb sollte man sich ruhig verhalten.
- ☐ Manchmal kann Lärm auch Ausdruck von Lebensfreude sein.
- ☐ Es ist schlecht, wenn viele Leute unter einem Dach wohnen.

2 **Wer wohnt wo? Schreibe die Namen der Leute in das Haus.**

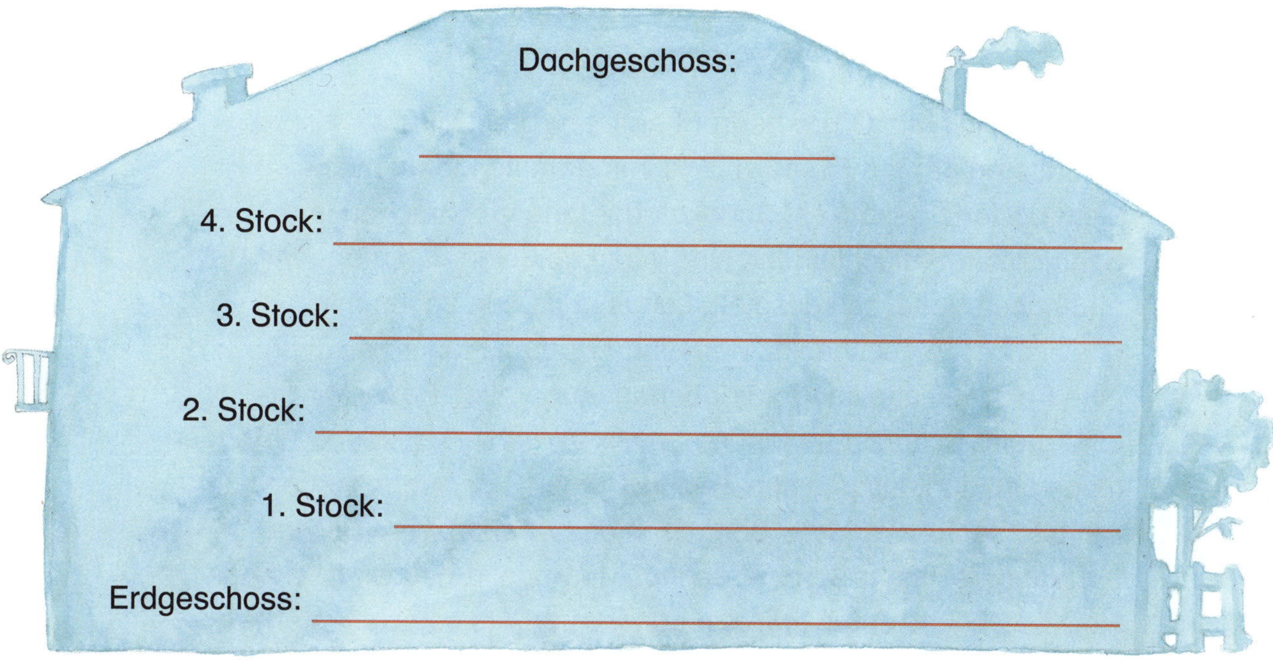

3 **Wodurch erzeugen die Personen Lärm? Verbinde.**

Quirin ○	○ durch laute Musik
Frau Fühlmichgut ○	○ durch den Hund, der sich über Besuch freut
Herr Schafekopf ○	○ durch Kinderlachen
Frau Bellereiter ○	○ durch Herumtoben
Familie Schock ○	○ durch Gesang
Karl Knallspaß ○	○ durch Kartenspielen mit anderen Leuten

Brief an Tante Clara

Fuchsberg, den 25. Juni 2014

Liebe Tante Clara,

ganz herzlichen Dank für den schönen Fahrradhelm. Ich habe ihn auch sofort ausprobiert. Er passt ganz genau. Nun kann ich wieder gut geschützt mit meinem neuen Rad herumfahren. Mein Geburtstag war ein ereignisreicher Tag. Es kamen meine besten Freunde. Sie heißen Lukas, Felix, Leon, Elias, Jonas, Hanna und Sofia.

Nachdem ich alle Gäste begrüßt hatte, setzten wir uns an unseren großen Esstisch. Wie immer hatte Mama meine Lieblingstorte gebacken: Schokoladentorte mit Kirschen und Schlagobers. Anschließend sind wir in den Garten gegangen und haben Volleyball gespielt. Lukas und Leon hatten mir das Netz dazu geschenkt. Mama und Papa hatten inzwischen eine Schnitzeljagd im Wald nebenan vorbereitet. Bevor wir eine große Schatztruhe fanden, mussten wir verschiedene Aufgaben lösen und den ausgelegten Zeichen folgen. Wir haben viel gelacht. Am allerbesten war dann aber doch das Abendessen. Es war ein wunderschöner Sommerabend. Mit Papa trugen wir trockenes Holz herbei und errichteten ein Lagerfeuer. Als es richtig glühte, durften wir vorgekochte Kartoffeln auf Stöcke spießen und sie im Feuer grillen. Dazu gab es noch Würstel und Limonade. Es war wirklich eine tolle Geburtstagsfeier.

Liebe Grüße sendet dir
dein Paul

1 **Wie heißt der Ort, in dem Paul wohnt?** ______________________

2 **Welche Art von Text schrieb Paul?**

☐ Geschichte ☐ Gedicht ☐ Brief ☐ Märchen

3 **Wie viele Kinder befanden sich insgesamt auf der Geburtstagsfeier?**

☐ 7 Kinder

☐ 8 Kinder

☐ 9 Kinder

4 **Zu welcher Jahreszeit hat Paul Geburtstag?**

☐ Frühling ☐ Herbst ☐ Sommer ☐ Winter

5 **Wer schenkte Paul das Volleyballnetz?** ______________________

6 **Ergänze den folgenden Satz mit den richtigen Wörtern aus dem Text.**

Am allerbesten war dann __________ doch das ______________________.

7 **Nummeriere den Ablauf von Pauls Geburtstagsfeier in der richtigen Reihenfolge.**

___ Torte gegessen ___ Gäste begrüßt ___ Holz herbeigetragen

___ Schnitzeljagd gemacht ___ Kartoffeln gegrillt ___ Volleyball gespielt

8 **Was hat Mama gebacken?**

☐ Schokoladenkuchen mit Kirschen und Schlagobers

☐ Schokoladentorte mit Kirchen und Schlagobers

☐ Schokoladentorte mit Kirschen und Schlagobers

Wer schreibt wem was?

Die Kinder aus der Klasse 3a haben einander Briefchen in Geheimsprache geschrieben.

1 **Übersetze. Schreibe den Text richtig darunter.**

2 **Welche Kinder schreiben einander? Male die Briefe mit gleicher Farbe an.**

L**b* J*l**!
*ch k*nn d** M*th***fg*b*n n*cht. K*nnst d* m*r b*tt* h*lf*n?
D**n* L*c**

Lbr Hnns!
Spln wr ht Fßbll mtnndr? ch hb grß Lst dz.

?negrob tfitsielB nenie rim ud tsnnaK
.nednif thcin neniem nnak hcI

KlaL, du kannst meinen Bleistift geLne haben.
Komm einfach heLübeL und hole ihn diL.

SELBSTVERSTÄNDLICHICH HELFEFE ICHICH DIRIR
BEIEI DENEN MATHEAUFGABENEN.
KEINEIN PROBLEMEM.

Lüber Antonüo!
Wür können heute gerne wüder Fußball spülen.
Am besten wür treffen uns um 15 Uhr auf dem Fußballplatz.

Der Bastelnachmittag

Markiere alle Kindernamen. Mache bei jedem, der kommen kann, ein Kreuz.

Sonja möchte zu einem Bastelnachmittag einladen.
Sie ruft Martin an. Der sagt zu.
Martin bringt noch seine Schwester Lene mit.
Bei Anna schaltet sich nur der Anrufbeantworter ein.
Tanja geht selbst ans Telefon. Sie kommt gerne!
Als Sonja bei Klaus anruft, sagt seine Mutter: „Klaus kann leider nicht kommen. Er besucht gerade seine Oma."
Sonja telefoniert mit Tamara. Sie bekommt von ihr allerdings eine Absage, da Tamara Halsweh hat.
In diesem Moment schaut zufällig ihr Nachbar Emilio vorbei.
Er bleibt gleich für die Bastelrunde da.

1 **Wie viele Anrufe macht Sonja?** ______________________

2 **Wie viele Mädchen wollen bei Sonja mitbasteln?**

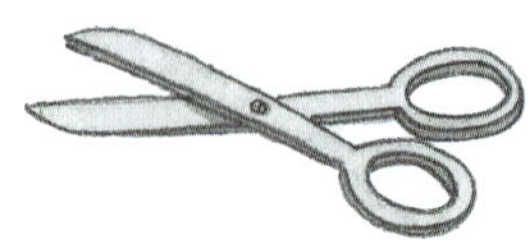

____

3 **Wie viele Buben basteln mit?** ______________________

4 **Welche Kinder kommen nicht? Notiere ihre Namen.**

____

5 **Wie viele Kinder sitzen schließlich am Basteltisch?**

____

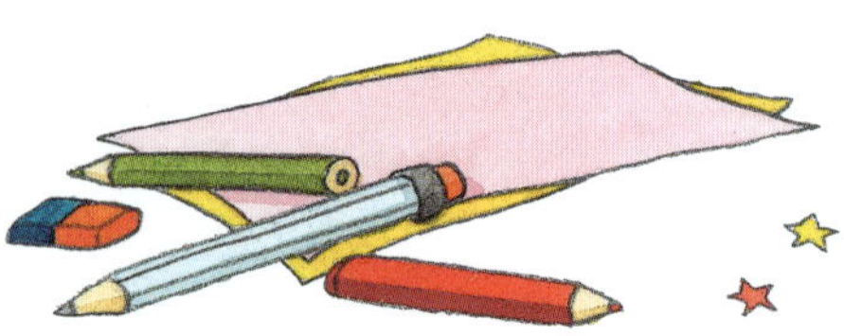

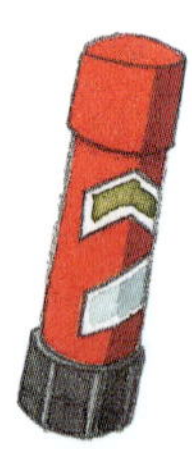

Grünhausener Tageblatt, Donnerstag, 05. Mai

Gestern gegen 18 Uhr hat ein Unbekannter das Juweliergeschäft in der Räubergasse überfallen.

Der Juwelier Gerd M. wollte soeben das Geschäft schließen, als ein maskierter Mann ihn mit einer Pistole bedrohte. Der Täter raubte anschließend Waren im Wert von ca. fünftausend Euro. Wahrscheinlich war ihm ein Komplize bei der Flucht behilflich. Der Schmuckhändler blieb unverletzt und konnte die Polizei alarmieren, nachdem der Dieb das Geschäft verlassen hatte. Die Beamten kamen jedoch zu spät. Bei dem Räuber handelt es sich um einen sehr großen, schlanken Mann mit tiefer Stimme. Er trug einen schwarzen Overall und schwarze Schuhe. Mithilfe eines blauen Kleinwagens konnte er rasch die Flucht ergreifen.

Sachdienliche Hinweise bitte an die nächste Polizeidienststelle weitergeben.

1 An welchem Wochentag geschah der Einbruch? ______________________

2 Wie könnte die Überschrift zu dieser Meldung lauten?

- ☐ Morgendlicher Einbruch
- ☐ Überfall in der Räubergasse
- ☐ Zweitausend Euro gestohlen
- ☐ Einbruch im Supermarkt

3 Wie könnte der Mann aussehen? Kreuze den richtigen Dieb an.

☐ ☐ ☐ ☐

Die beiden Ziegen

Ein schmaler Steg führte über einen tiefen Fluss. An einem sonnigen Nachmittag wollte eine Ziege darübergehen. Da sah sie am gegenüberliegenden Ufer eine weitere Ziege. Auch sie wollte gerade über den Steg laufen. Die eine wollte hinüber, die andere wollte herüber. Da rief die erste Ziege: „Bleib stehen! Ich will zuerst über die Brücke gehen!"
„Das könnte dir so passen!", erwiderte die zweite Ziege. „Tritt zurück und lass mich durch! Ich bin viel älter als du!"

Jede wollte zuerst hinüber. Keine gab nach. Beide beschimpften sich lautstark. Sie wurden so zornig, dass sie schließlich gleichzeitig aufeinander zurannten. Der Steg schwankte und krachte. Die Köpfe gesenkt, mit den Hörnern voraus, liefen sie wütend gegeneinander. Sie trafen sich genau in der Mitte des Brückleins, kamen aber nicht aneinander vorbei.
Vom heftigen Zusammenstoß verloren beide das Gleichgewicht und stürzten vom schmalen Steg in das reißende Wasser.
Nur mit Mühe und Not konnten sie sich noch ans Ufer retten.

(nach Ludwig Grimm)

1 **Warum stritten die beiden Ziegen?**

- ☐ Weil sie sich nicht leiden konnten.
- ☐ Weil die eine Ziege älter war.
- ☐ Weil keine der beiden nachgeben wollte.
- ☐ Weil sie heute zornig waren.

2 **Welche von den beiden Ziegen wollte zuerst über den Steg?**

☐ nur die erste ☐ nur die zweite ☐ beide gleichzeitig

3 **Wo trafen die beiden Ziegen aufeinander?**

___

4 **Wie endete der Streit zwischen den Ziegen?**

- ☐ Sie ertranken beide im Fluss.
- ☐ Sie stürzten in das Wasser, weil der Steg zerbrach.
- ☐ Sie retteten sich mit Mühe ans Ufer.
- ☐ Sie vertrugen sich wieder.

5 **Zu welcher Tageszeit trug sich die Geschichte zu?**

___

6 **Um welche Textart handelt es sich hier?**

☐ Tiergeschichte ☐ Fabel ☐ Märchen ☐ Sage

7 **Welcher Spruch passt zu der Geschichte?**

- ☐ Pack schlägt sich, Pack verträgt sich.
- ☐ Wer einmal lügt, dem glaubt man nicht.
- ☐ Wenn zwei sich streiten, freut sich der Dritte.
- ☐ Der Klügere gibt nach.

Laschwappenland

Als Elsi eines Morgens mit Vater und Mutter im Badezimmer stand, hatte sie eine Menge Spaß. Nun ging es nämlich bereits morgens um sieben Uhr ab ins Laschwappenland.

Mutter brauchte nur die Tadbür zu öffnen, schon kam Lrischfuft herein, die die Zunge verdrehte. Elsi schnappte sich zunächst die Bahnzürste und schrubbte mit Pahnzasta ihre Zähne sauber. Anschließend wusch sie ihre Hände unter dem Hasserwahn. Ihr kleiner Bruder Florian sollte sich die Haare mit Waarhaschmittel waschen. Doch er rief: „Ich möchte jetzt mein Srühftück essen und nicht Haare waschen!“
Mutter schimpfte daraufhin: „Du Schickdädel, die Waarhäsche ist wichtig, also halte still!“
Der Streit hatte rasch ein Ende, als Vater den Faarhöhn einschaltete, um seinen Kockenlopf zu föhnen. Dann war es so laut im Zadebimmer, dass nicht einmal zu hören war, als Elsi mit dem Wundmasser gurgelte. Irgendwann schrie Mutter aber ganz laut: „Schalte bitte dieses Gerät aus, ich möchte die Sadiorendung hören!“

Kurz darauf waren alle ruhig. Mutter lauschte den Tönen aus dem Radio, Florian zog seinen Pollwullover an, Vater kämmte sich und Elsi wusch sich mit dem Laschwappen das Gesicht ab.
Wie schön es doch im Laschwappenland war!

Du brauchst jedes verdrehte Wort nur einmal aufzuschreiben.

1 **Unterstreiche alle verdrehten Wörter im Text.**

2 **Schreibe die verdrehten Wörter richtig auf.**

3 **Welche Wörter sind verdreht? Kreuze an.**

☐ alle Wörter ☐ zusammengesetzte Wörter ☐ Tunwörter

4 **Wie müssten die folgenden Wörter im Laschwappenland heißen?**

Handtuch:

Halskette:

Wärmflasche:

Fußboden:

Blumentopf:

Witzig, witzig

Tipp: Suche bei den Witzenden nach Wörtern, die dir Hinweise auf den Anfang geben.

Ordne den Witzanfängen die entsprechenden Witzenden zu. Du erhältst über die Buchstaben ein Lösungswort.

1 In der Schule sind zwei Garderobenhaken angebracht worden. Darüber ein Schild: „Nur für Lehrer!“

2 Fragt der Jeepfahrer in der Wüste: „Wie komme ich ins nächste Dorf?“

3 Lehrer: „Du schreibst total unleserlich! Schreibe bitte in Zukunft deutlicher!“

4 Die Mutter zu ihrem Sohn: „Kannst du bitte schnell den Salzstreuer auffüllen?“

5 Bei einem Zoobesuch sagt die Mutter besorgt zu ihrer kleinen Tochter: „Kleines, geh sofort von dem Löwen weg!“

6 Klein Fritzchen fragt: „Was ist Wind?“

7 Eine Schnecke fragt den Gärtner: „Könnte ich ein paar Salatblätter haben?“ Wütend wirft sie der Gärtner über den Zaun.

8 Sagt die Heringsmutter zu ihrem Kind: „Halte dich beim Schwimmen gerade!“ „Wieso?“, fragt ihr Jüngster.

Witzenden

R Schüler: „Besser nicht. Dann finden Sie ja alle meine Rechtschreibfehler!“

K Ein paar Wochen später hat sie sich wieder zum Gärtner vorgearbeitet. Sie sagt beleidigt: „Sag mal, was war denn das gerade eben?“

E Sagt der Vater: „Das ist Luft, die es besonders eilig hat.“

SCH Am nächsten Tag klebt ein Zettel darunter: „Aber man kann auch Mäntel daran aufhängen!“

Z Eine Stunde später kommt der Kleine schluchzend aus der Küche: „Ich schaffe es einfach nicht, das Zeug durch die Löcher zu stopfen!“

S Sie antwortet: „Du willst doch wohl nicht als Rollmops enden?“

K Meint die Kleine treuherzig: „Wieso, Mutti? Ich tue ihm doch gar nichts.“

E Antwortet der Kamelreiter: „Da fahren Sie immer geradeaus, und nächste Woche biegen Sie rechts ab.“

1	2	3	4	5	6	7	8

Wildschweine

In unseren Wäldern haben sich in den letzten Jahren vermehrt Wildschweine angesiedelt. Umliegende Felder bieten ihnen eine sichere Nahrungsquelle. An vielen Orten sind sie bereits zur Plage geworden und werden deshalb fast das ganze Jahr über gejagt.
Oft richten sie große Schäden an. Sie durchpflügen die Äcker auf der Suche nach Kartoffeln, Mais, Früchten und Mäusen.

Im Durchschnitt bringt eine Bache etwa sieben Junge zur Welt. Wenn so eine Muttersau mit ihren Kindern durch den Wald streift, ist es besser, ihr nicht zu begegnen. Sie würde sofort energisch zum Angriff übergehen und ihre Kleinen verteidigen.

Die Jungtiere kommen meist zwischen März und Mai zur Welt.
Als Geburtsnest gräbt die Wildsau eine tiefe Mulde in den Boden.
Sie polstert die Kinderstube mit weichem Gras aus und baut aus Ästen und Zweigen eine Art Dach darüber. Die Frischlinge sollen möglichst gut geschützt werden. Durch das hellbraun gestreifte Fell sind sie kaum vom Waldboden zu unterscheiden. So werden sie auch in den ersten Monaten von Angreifern nicht so schnell entdeckt. Das Nest ist häufig in Richtung Süden ausgerichtet, damit es von der Sonne erwärmt wird.

Die Frischlinge werden etwa drei Monate lang gesäugt. Die nahrhafte Milch aus den Zitzen ihrer Mutter lässt die Kleinen schnell heranwachsen. Nach etwa drei Wochen unternimmt die Wildschweinfamilie erste Ausflüge. Die Jungtiere wühlen dann eifrig im Waldboden und spüren z. B. Wurzeln, Käfer und Schnecken auf. Obwohl sie noch gesäugt werden, probieren sie bereits solche feste Nahrung. Im Alter von drei Monaten sind sie schon recht kräftig geworden und ihr gestreiftes Haarkleid färbt sich braun.

1 **Wie werden junge Wildschweine genannt?** ______________________

2 **Wie lange etwa werden die Frischlinge gesäugt?** ________________

3 **Wenn du einer Wildschweinmutter mit Jungen begegnest, …**

☐ … versuchst du, die Kleinen zu streicheln.

☐ … verhältst du dich ruhig, damit sie dich nicht bemerken.

☐ … klatschst du in die Hände, um sie zu vertreiben.

4 **Wie viele Junge bringt eine Wildsau durchschnittlich zur Welt?**

☐ 4 Junge ☒ 7 Junge ☐ 9 Junge

5 **Welchen Satz findest du so im Text?**

☐ Die Jungtiere kommen meist zwischen April und Mai zur Welt.

☐ Die Jungtiere kommen meist zwischen März und Mai zur Welt.

☐ Die Jungtiere kommen meist zwischen März und Juni zur Welt.

6 **Welche feste Nahrung probieren junge Wildschweine schon im Alter von drei Wochen?**

a) ______________ b) ______________ c) ______________

7 **Was bedeutet das Wort „Bache"?**

☐ Wildschwein

☐ Jungtier

☐ Muttersau

Von Rittern und Burgen

Das Mittelalter war eine gefährliche und aufregende Zeit. Häufig führten die Fürsten gegeneinander Krieg. Ihre Ritter mussten die Streitigkeiten austragen. Ritter, das war eigentlich nur ein anderer Name für Reiter.

Am Anfang des Rittertums durfte jeder, der genügend Geld für ein Ross, die Rüstung und Waffen hatte, ein Ritter werden. Das konnten sich also nur die Reichen und Vornehmen leisten. Arme Bauern, die nicht genug Geld dafür aufbrachten, durften somit nicht hoch zu Ross in die Schlacht ziehen. Erst später mussten die Söhne von Rittern bis zu ihrem 21. Lebensjahr eine lange Ausbildung machen, um zum Ritter geschlagen zu werden.

Die ersten Ritterburgen bestanden aus einem einfachen, viereckigen Turm. Zur besseren Verteidigung wurde dieser oft auf einem hohen, schwer zugänglichen Felsen erbaut. So eine „Turmburg“ hatte mehrere Stockwerke. Durch Wendeltreppen, Falltüren und mithilfe von Schemeln konnte man die einzelnen Räumlichkeiten erreichen.
Alle Vorräte lagerten in der Vorratskammer im Erdgeschoss. Der Arbeitsraum mit einer Kochstelle befand sich im ersten Obergeschoss. Im zweiten Stockwerk gab es einen Wohnraum, in dem sich der Burgherr, seine Gemahlin, die Bediensteten und seine Gäste aufhielten. Das war oft ganz schön eng. Die private Schlafkammer befand sich in der dritten Etage. An diesen „Wohnturm“ wurde im Laufe der Zeit immer wieder angebaut. Allmählich entstanden stolze Burganlagen, wie wir sie oft heute noch bestaunen können. In diesen riesigen, massiven Steinbauten wohnten dann ganz viele Menschen wie in einer Stadt: z. B. geschickte Handwerker, Diener, Soldaten und auch ein Priester.

1 **Was bedeutet das Wort „Ritter“?**

- ☐ Retter
- ☐ Rieter
- ☐ Reuter
- ☐ Reiter

2 **Welchen Satz findest du genau so im Text wieder?**

- ☐ Häufig führten die Fürsten miteinander Krieg.
- ☐ Häufig führten die Ritter gegeneinander Krieg.
- ☐ Häufig führten die Fürsten gegeneinander Krieg.
- ☐ Häufig führten die Ritter miteinander Krieg.

3 **Wo wurden Turmburgen meist gebaut?**

- ☐ auf einem breiten Hügel
- ☐ auf einem hohen Felsen
- ☐ auf einem schmalen Berg

4 **Welche Möglichkeiten gab es, um in einer Turmburg von einer Etage in die andere zu gelangen?**

a) ______________ b) ______________ c) ______________

5 **Was befand sich wo?**
Beschrifte den Wohnturm.

3. OG: ______________

2. OG: ______________

1. OG: ______________

EG: ______________

6 **Wie kam ein Ritter an sein Pferd?**

- ☐ Er bekam es geschenkt.
- ☐ Er bekam es geliehen.
- ☐ Er musste es selbst kaufen.
- ☐ Er musste es selbst fangen.

Wildbienen

Viele Menschen kennen die Honigbiene. Weniger bekannt ist die Wildbiene. Dieses Insekt gibt es in vielen Ländern der Erde. Auch bei uns leben viele verschiedene Wildbienenarten. Wildbienen sind meist kleiner als Honigbienen. Sie leben oft allein, nicht in Gruppen.

blickwinkel/McPHOTO

blickwinkel/J. Meul-Van Cauteren

Die Larven liegen unter der Erde in kleinen Löchern. Sie werden mit einer Mischung aus Honig und Pollen gefüttert. Wenn sie groß genug sind, schlüpfen sie aus der Erde heraus. Sie können sich aber auch in winzigen Löchern eines Baumstammes entwickeln.

Auch Wildbienen sammeln Nektar und machen daraus Honig. Es gibt manchmal Wildbienenhonig zu kaufen.

Diese Tiere sind eigentlich friedlich. Sie greifen den Menschen normalerweise nicht an. Nur wenn sie in die Enge gedrängt werden, wehren sie sich. Sie stechen zum Beispiel, wenn du auf sie trittst.

Wir müssen Wildbienen schützen. Sie sind nützliche Tiere. Zum Beispiel brauchen wir sie für die Bestäubung vieler Pflanzen: Durch die Bienen wird nämlich Blütenstaub von einer Pflanze zur anderen transportiert. Auf diese Art und Weise können Früchte und neue Pflanzen entstehen.

Waldhäusl/Horst Sollinger

Streiche falsche Sätze durch.

- Die Wildbiene lebt immer in Gruppen.
- Die Wildbiene sticht nur, wenn sie in die Enge getrieben wird.
- Die Larven der Wildbiene sind unter der Erde.
- Wildbienen sind meist größer als Honigbienen.
- Bei uns gibt es keine Wildbienen.
- Die Larven ernähren sich auch von Pollen.
- Wildbienen sind friedliche Tiere.
- Wildbienen und Honigbienen sind die gleichen Bienen.
- In Löchern eines Baumstammes können sich Wildbienen auch entwickeln.
- Wir müssen uns vor Wildbienen schützen.
- Wildbienen bringen Blütenstaub von einer Pflanze zur anderen.
- Wildbienen sammeln keinen Nektar.
- Die Bestäubung ist für die Entwicklung von Früchten und neuen Pflanzen wichtig.

Kinderzimmerkleiderschrankunordnung

In meinem Kinderzimmerkleiderschrank ist eine schreckliche Unordnung. Neben dem Fürdieschulekleid liegt mein Sonntagsausgehkleid und neben meiner Schlittenundskihose befindet sich meine Wasserplanschundschwimmhose.

Wenn ich nicht bald aufräume, finde ich gar nichts mehr! Gestern zum Beispiel habe ich meine Einfachnursozumaufsetzenmütze gesucht, aber nur meine Hältdieohrenwarmmütze gefunden. Dabei brauche ich diese Mütze doch nur im Winter, genauso wie meine Fingerwarmhaltehandschuhe. Anders ist das mit meinen Radfahrvordemhinfallenschutzhandschuhen. Die erfüllen einen ganz bestimmten Zweck und ich kann sie nur zu bestimmten Zeiten anziehen.

Hingegen kann ich meine Alletagewohlfühlhose immer brauchen. Sie liegt im Schrank ganz unten, direkt neben dem Lieblingsrotpullover. Aber wo ist meine Nurwennesseinmussanziehhose? Und wer hat meinen Vonderschwesterschenkpulli gesehen?

Vielleicht sollte ich mir heute Nachmittag einmal Zeit zum Aufräumen nehmen. Dann tauchen sicherlich auch wieder meine Mamastrickwollsocken, mein Fußballdabeihabeschal und mein Besonderswarmunterhemd auf. Jetzt, wo es allmählich wieder kälter wird, kann ich das alles gut brauchen. Außerdem möchte ich morgen meine Rotundweißpunktbluse anziehen. Am besten fange ich sofort an, aufzuräumen. Dann wird aus meinem Totalchaoskinderzimmerkleiderschrank vielleicht wieder ein Sofortfindekinderzimmerkleiderschrank. Das wäre doch gar nicht so schlecht, oder?

1 **Warum heißt die Geschichte „Kinderzimmerkleiderschrankunordnung“?**

- ☐ Weil das Kind in der Geschichte einen neuen Kleiderschrank möchte.
- ☐ Weil das Kind in der Geschichte seinen Kleiderschrank aufräumen will.
- ☐ Weil das Kind in der Geschichte keine Lust zum Aufräumen hat.

2 **Unterstreiche alle Kleidungsstücke im Text.**

Wie viele Kleidungsstücke sind es? ______

3 **Im Text steht: „Die erfüllen einen ganz bestimmten Zweck und ich kann sie nur zu bestimmten Zeiten anziehen.“ Welches Kleidungsstück ist damit gemeint?**

- ☐ die Radfahrschönwetteranziehhandschuhe
- ☐ die Radfahrvordemhinfallenschutzhandschuhe
- ☐ die Fingerwarmhaltehandschuhe

Welchen Zweck erfüllen sie?

- ☐ Sie schützen die Hände vor Regen und Kälte.
- ☐ Sie schützen die Hände bei einem Sturz.

4 **Aus wie vielen Einzelwörtern bestehen diese Kleidungsstücke im Text?**

Bluse: ______ Schal: ______ Socken: ______

5 **Welche dieser Hosen kommen nicht im Text vor? Streiche sie durch.**

- eine Hose, die man nur anzieht, wenn es unbedingt nötig ist
- eine Hose, die man gerne jeden Tag anzieht
- eine Hose, die man nur in die Schule anzieht
- eine Hose, die man draußen im Schnee anzieht
- eine Hose, die man zum Baden anzieht
- eine Hose, die man nur am Sonntag anzieht

Stolperwörter

In jedem Satz befindet sich ein überflüssiges Wort.
Streiche es durch.

In der letzten heute Stunde haben wir Mathematik.
Mein Heft, in dem ich gerade arbeite, ist leider Zahlen voll.
Doch da läutet in unserer mein Klasse bereits die Glocke.
Nach der gleich Schule gehe ich nach Hause.
Auf dem Weg besorge ich mir noch ein neues Heft heim.
Zu Hause klingle ich hungrig an mit der Tür.
Meine Mutter lecker hat Mittagessen gekocht.
Sie fragt: „Möchtest Nachspeise du gerne Spaghetti?"
Nach bei dem Essen mache ich meine Hausübung.
Ich müde würde vorher noch gerne spielen.
Aber ich fange lieber gleich mit der Arbeit an schnell.
Mir gefällt Rechnen schön am besten.
Zuerst schreibe ich Wörterübungen ins Heft voll.
Zwischendurch Durst hole ich mir ein Glas Wasser.
Meine Schwester fragt durch die Tür: „Spielen wir nachher Garten zusammen?"
Mama ruft, ob ich schon schreiend fertig bin.
In diesem Moment klettert meine Katze Molli auf schnell meinen Schoß.
Endlich bin ich spielen fertig.
Jetzt gehe ich raus Spielplatz.
Die Sonne scheint noch hell Himmel.
Wir dürfen draußen bleiben, bis es dunkel toll wird.

LÖSUNGEN

3

VERITAS

Gemeinsam besser lernen

(Zum Heraustrennen dieses Lösungsheftes die mittlere Klammer lösen.)

Liebe Eltern,
Lesekompetenz steigern, Lesebegeisterung wecken und fördern – das gelingt mit den Leseübungen dieses Ferienheftes. Damit ist ihr Kind **bestens auf das neue Schuljahr vorbereitet** – ein klarer Vorteil für die weitere Schullaufbahn.
In 15 überschaubaren Tagesportionen werden verschiedene Themen und Texttypen behandelt (siehe auch Textarten-Überblick S. 44/45).

Und so funktioniert es:

- Ihr Kind kann die **15 Lesetage** über den Sommer verteilen oder die letzten **zwei bis drei Wochen vor Schulbeginn** nutzen.
- Als besonderen Anreiz darf sich Ihr Kind nach jedem Lesetag mit einem Puzzleteil **belohnen**. Diesen schneidet es von der letzten Seite des Buches aus und klebt ihn auf den hinteren Innenumschlag. Das ergibt schließlich ein schönes Gesamtbild.
- Übrigens: **Anerkennung** für geleistete Arbeit motiviert Ihr Kind. Bestätigen und ermutigen Sie es, auch wenn vielleicht nicht immer alles richtig ist.
- Mit diesem herausnehmbaren Lösungsheft ist eine **Selbstkontrolle** ganz einfach, denn jede Seite ist hier nochmals mit der Lösung abgebildet.

Achtung: Alle Lösungen sind in Rot eingetragen.

Ein wundersames Haus

Ich kenn ein wundersames Haus,
da gehn die Leute ein und aus,
die machen manchmal einen Krach,
da hebt sich fast das ganze Dach!

Karl Knallspaß, der vom ersten Stock,
macht Lärm für drei mit seinem Rock.

Frau Bellereiters kleiner Hund
tut jeden Ankömmling gleich kund.

Herr Schafekopf, der Herr ganz unten,
mag gern gesell'ge Kartenrunden.

Im vierten Stock Frau Fühlmichgut
singt viel aus reinem Übermut.

Die Kinder von Familie Schock,
die lachen laut im zweiten Stock.

Und auch im Dachgeschoss ganz oben
will Kleinkind Quirin oftmals toben.

Doch ist es wirklich wundersam,
wenn man recht lärmt so dann und wann?
Zeigt man damit die Freud am Leben,
so kann es doch nichts Bessres geben!

1 Was will dir das Gedicht sagen?

☐ Lärm stört andere Menschen, deshalb sollte man sich ruhig verhalten.

☒ Manchmal kann Lärm auch Ausdruck von Lebensfreude sein.

☐ Es ist schlecht, wenn viele Leute unter einem Dach wohnen.

2 Wer wohnt wo? Schreibe die Namen der Leute in das Haus.

Dachgeschoss: Quirin

4. Stock: Frau Fühlmichgut

3. Stock: Frau Bellereiter

2. Stock: Familie Schock

1. Stock: Karl Knallspaß

Erdgeschoss: Herr Schafekopf

3 Wodurch erzeugen die Personen Lärm? Verbinde.

Quirin	durch laute Musik
Frau Fühlmichgut	durch den Hund, der sich über Besuch freut
Herr Schafekopf	durch Kinderlachen
Frau Bellereiter	durch Herumtoben
Familie Schock	durch Gesang
Karl Knallspaß	durch Kartenspielen mit anderen Leuten

(Verbindungen: Quirin – durch Herumtoben; Frau Fühlmichgut – durch Gesang; Herr Schafekopf – durch Kartenspielen mit anderen Leuten; Frau Bellereiter – durch den Hund, der sich über Besuch freut; Familie Schock – durch Kinderlachen; Karl Knallspaß – durch laute Musik)

Brief an Tante Clara

Fuchsberg, den 25. Juni 2014

Liebe Tante Clara,

ganz herzlichen Dank für den schönen Fahrradhelm. Ich habe ihn auch sofort ausprobiert. Er passt ganz genau. Nun kann ich wieder gut geschützt mit meinem neuen Rad herumfahren. Mein Geburtstag war ein ereignisreicher Tag. Es kamen meine besten Freunde. Sie heißen Lukas, Felix, Leon, Elias, Jonas, Hanna und Sofia.

Nachdem ich alle Gäste begrüßt hatte, setzten wir uns an unseren großen Esstisch. Wie immer hatte Mama meine Lieblingstorte gebacken: Schokoladentorte mit Kirschen und Schlagobers. Anschließend sind wir in den Garten gegangen und haben Volleyball gespielt. Lukas und Leon hatten mir das Netz dazu geschenkt. Mama und Papa hatten inzwischen eine Schnitzeljagd im Wald nebenan vorbereitet. Bevor wir eine große Schatztruhe fanden, mussten wir verschiedene Aufgaben lösen und den ausgelegten Zeichen folgen. Wir haben viel gelacht. Am allerbesten war dann aber doch das Abendessen. Es war ein wunderschöner Sommerabend. Mit Papa trugen wir trockenes Holz herbei und errichteten ein Lagerfeuer. Als es richtig glühte, durften wir vorgekochte Kartoffeln auf Stöcke spießen und sie im Feuer grillen. Dazu gab es noch Würstel und Limonade. Es war wirklich eine tolle Geburtstagsfeier.

Liebe Grüße sendet dir
dein Paul

1 Wie heißt der Ort, in dem Paul wohnt? Fuchsberg

2 Welche Art von Text schrieb Paul?

☐ Geschichte ☐ Gedicht ☒ Brief ☐ Märchen

3 Wie viele Kinder befanden sich insgesamt auf der Geburtstagsfeier?

☐ 7 Kinder

☒ 8 Kinder (7 Gäste und Paul)

☐ 9 Kinder

4 Zu welcher Jahreszeit hat Paul Geburtstag?

☐ Frühling ☐ Herbst ☒ Sommer ☐ Winter

5 Wer schenkte Paul das Volleyballnetz? Lukas und Leon

6 Ergänze den folgenden Satz mit den richtigen Wörtern aus dem Text.

Am allerbesten war dann aber doch das Abendessen.

7 Nummeriere den Ablauf von Pauls Geburtstagsfeier in der richtigen Reihenfolge.

2 Torte gegessen 1 Gäste begrüßt 5 Holz herbeigetragen

4 Schnitzeljagd gemacht 6 Kartoffeln gegrillt 3 Volleyball gespielt

8 Was hat Mama gebacken?

☐ Schokoladenkuchen mit Kirschen und Schlagobers

☐ Schokoladentorte mit Kirchen und Schlagobers

☒ Schokoladentorte mit Kirschen und Schlagobers

Wer schreibt wem was?

Die Kinder aus der Klasse 3a haben einander Briefchen in Geheimsprache geschrieben.

1 **Übersetze. Schreibe den Text richtig darunter.**

2 **Welche Kinder schreiben einander? Male die Briefe mit gleicher Farbe an.**

L**b* J*l**!
*ch k*nn d** M*th***fg*b*n n*cht. K*nnst d* m*r b*tt* h*lf*n?
D**n* L*c**

Liebe Julia!
Ich kann die Matheaufgaben nicht.
Kannst du mir bitte helfen?
Deine Lucia

Lbr Hnns!
Spln wr ht FBbll mtnndr? ch hb grß Lst dz.

Lieber Hannes!
Spielen wir heute Fußball miteinander?
Ich habe große Lust dazu.

?negrob tfitsielB nenie rim ud tsnnaK
.nednif thcin neniem nnak hcI

Kannst du mir einen Bleistift borgen?
Ich kann meinen nicht finden.

KlaL, du kannst meinen Bleistift geLne haben.
Komm einfach heLübeL und hole ihn diL.

Klar, du kannst meinen Bleistift gerne haben. Komm einfach herüber und hole ihn dir.

SELBSTVERSTÄNDLICHICH HELFEFE ICHICH DIRIR
BEIEI DENEN MATHEAUFGABENEN.
KEINEIN PROBLEMEM.

Selbstverständlich helfe ich dir bei den Matheaufgaben. Kein Problem.

Lüber Antonüo!
Wür können heute gerne wüder Fußball spülen.
Am besten wür treffen uns um 15 Uhr auf dem Fußballplatz.

Lieber Antonio!
Wir können heute gerne wieder Fußball spielen. Am besten wir treffen uns um 15 Uhr auf dem Fußballplatz.

Der Bastelnachmittag

Markiere alle Kindernamen. Mache bei jedem, der kommen kann, ein Kreuz.

Sonja (x) möchte zu einem Bastelnachmittag einladen.
Sie ruft Martin (x) an. Der sagt zu.
Martin bringt noch seine Schwester Lene (x) mit.
Bei Anna schaltet sich nur der Anrufbeantworter ein.
Tanja (x) geht selbst ans Telefon. Sie kommt gerne!
Als Sonja bei Klaus anruft, sagt seine Mutter: „Klaus kann leider nicht kommen. Er besucht gerade seine Oma."
Sonja telefoniert mit Tamara. Sie bekommt von ihr allerdings eine Absage, da Tamara Halsweh hat.
In diesem Moment schaut zufällig ihr Nachbar Emilio (x) vorbei.
Er bleibt gleich für die Bastelrunde da.

1 **Wie viele Anrufe macht Sonja?** 5 Anrufe

2 **Wie viele Mädchen wollen bei Sonja mitbasteln?**

2 Mädchen (Lene und Tanja)

3 **Wie viele Buben basteln mit?** 2 Buben (Martin und Emilio)

4 **Welche Kinder kommen nicht? Notiere ihre Namen.**

Anna, Klaus, Tamara

5 **Wie viele Kinder sitzen schließlich am Basteltisch?**

5 Kinder

Zeitungsartikel aus Grünhausen

Grünhausener Tageblatt, Donnerstag, 05. Mai

Gestern gegen 18 Uhr hat ein Unbekannter das Juweliergeschäft in der Räubergasse überfallen.
Der Juwelier Gerd M. wollte soeben das Geschäft schließen, als ein maskierter Mann ihn mit einer Pistole bedrohte. Der Täter raubte anschließend Waren im Wert von ca. fünftausend Euro. Wahrscheinlich war ihm ein Komplize bei der Flucht behilflich. Der Schmuckhändler blieb unverletzt und konnte die Polizei alarmieren, nachdem der Dieb das Geschäft verlassen hatte. Die Beamten kamen jedoch zu spät.
Bei dem Räuber handelt es sich um einen sehr großen, schlanken Mann mit tiefer Stimme. Er trug einen schwarzen Overall und schwarze Schuhe. Mithilfe eines blauen Kleinwagens konnte er rasch die Flucht ergreifen.
Sachdienliche Hinweise bitte an die nächste Polizeidienststelle weitergeben.

1 **An welchem Wochentag geschah der Einbruch?** Mittwoch

2 **Wie könnte die Überschrift zu dieser Meldung lauten?**

- ☐ Morgendlicher Einbruch
- ☒ Überfall in der Räubergasse
- ☐ Zweitausend Euro gestohlen
- ☐ Einbruch im Supermarkt

3 **Wie könnte der Mann aussehen? Kreuze den richtigen Dieb an.**

☒ ☐ ☐ ☐

Die beiden Ziegen

Ein schmaler Steg führte über einen tiefen Fluss. An einem sonnigen Nachmittag wollte eine Ziege darübergehen. Da sah sie am gegenüberliegenden Ufer eine weitere Ziege. Auch sie wollte gerade über den Steg laufen. Die eine wollte hinüber, die andere wollte herüber. Da rief die erste Ziege: „Bleib stehen! Ich will zuerst über die Brücke gehen!“
„Das könnte dir so passen!“, erwiderte die zweite Ziege. „Tritt zurück und lass mich durch! Ich bin viel älter als du!“

Jede wollte zuerst hinüber. Keine gab nach. Beide beschimpften sich lautstark. Sie wurden so zornig, dass sie schließlich gleichzeitig aufeinander zurannten. Der Steg schwankte und krachte. Die Köpfe gesenkt, mit den Hörnern voraus, liefen sie wütend gegeneinander. Sie trafen sich genau in der Mitte des Brückleins, kamen aber nicht aneinander vorbei.
Vom heftigen Zusammenstoß verloren beide das Gleichgewicht und stürzten vom schmalen Steg in das reißende Wasser.
Nur mit Mühe und Not konnten sie sich noch ans Ufer retten.

(nach Ludwig Grimm)

1 Warum stritten die beiden Ziegen?

☐ Weil sie sich nicht leiden konnten.
☐ Weil die eine Ziege älter war.
☒ Weil keine der beiden nachgeben wollte.
☐ Weil sie heute zornig waren.

2 Welche von den beiden Ziegen wollte zuerst über den Steg?

☐ nur die erste ☐ nur die zweite ☒ beide gleichzeitig

3 Wo trafen die beiden Ziegen aufeinander?

genau in der Mitte des Brückleins

4 Wie endete der Streit zwischen den Ziegen?

☐ Sie ertranken beide im Fluss.
☐ Sie stürzten in das Wasser, weil der Steg zerbrach.
☒ Sie retteten sich mit Mühe ans Ufer.
☐ Sie vertrugen sich wieder.

5 Zu welcher Tageszeit trug sich die Geschichte zu?

am Nachmittag

6 Um welche Textart handelt es sich hier?

☐ Tiergeschichte ☒ Fabel ☐ Märchen ☐ Sage

7 Welcher Spruch passt zu der Geschichte?

☐ Pack schlägt sich, Pack verträgt sich.
☐ Wer einmal lügt, dem glaubt man nicht.
☐ Wenn zwei sich streiten, freut sich der Dritte.
☒ Der Klügere gibt nach.

Laschwappenland

Als Elsi eines Morgens mit Vater und Mutter im Badezimmer stand, hatte sie eine Menge Spaß. Nun ging es nämlich bereits morgens um sieben Uhr ab ins Laschwappenland.

Mutter brauchte nur die Tadbür zu öffnen, schon kam Lrischfuft herein, die die Zunge verdrehte. Elsi schnappte sich zunächst die Bahnzürste und schrubbte mit Pahnzasta ihre Zähne sauber. Anschließend wusch sie ihre Hände unter dem Hasserwahn. Ihr kleiner Bruder Florian sollte sich die Haare mit Waarhaschmittel waschen. Doch er rief: „Ich möchte jetzt mein Srühftück essen und nicht Haare waschen!“
Mutter schimpfte daraufhin: „Du Schickdädel, die Waarhäsche ist wichtig, also halte still!“
Der Streit hatte rasch ein Ende, als Vater den Faarhöhn einschaltete, um seinen Kockenlopf zu föhnen. Dann war es so laut im Zadebimmer, dass nicht einmal zu hören war, als Elsi mit dem Wundmasser gurgelte. Irgendwann schrie Mutter aber ganz laut: „Schalte bitte dieses Gerät aus, ich möchte die Sadiorendung hören!“

Kurz darauf waren alle ruhig. Mutter lauschte den Tönen aus dem Radio, Florian zog seinen Pollwullover an, Vater kämmte sich und Elsi wusch sich mit dem Laschwappen das Gesicht ab.
Wie schön es doch im Laschwappenland war!

Du brauchst jedes verdrehte Wort nur einmal aufzuschreiben.

1 Unterstreiche alle verdrehten Wörter im Text.

2 Schreibe die verdrehten Wörter richtig auf.

Waschlappenland

Badtür	Haarwäsche
Frischluft	Haarföhn
Zahnbürste	Lockenkopf
Zahnpasta	Badezimmer
Wasserhahn	Mundwasser
Haarwaschmittel	Radiosendung
Frühstück	Wollpullover
Dickschädel	Waschlappen

3 Welche Wörter sind verdreht? Kreuze an.

☐ alle Wörter ☒ zusammengesetzte Wörter ☐ Tunwörter

4 Wie müssten die folgenden Wörter im Laschwappenland heißen?

Handtuch: Tandhuch
Halskette: Kalshette
Wärmflasche: Färmwlasche
Fußboden: Bußfoden
Blumentopf: Tlumenbopf

Witzig, witzig

Tipp: Suche bei den Witzenden nach Wörtern, die dir Hinweise auf den Anfang geben.

Ordne den Witzanfängen die entsprechenden Witzenden zu. Du erhältst über die Buchstaben ein Lösungswort.

1 In der Schule sind zwei Garderobenhaken angebracht worden. Darüber ein Schild: „Nur für Lehrer!“

2 Fragt der Jeepfahrer in der Wüste: „Wie komme ich ins nächste Dorf?“

3 Lehrer: „Du schreibst total unleserlich! Schreibe bitte in Zukunft deutlicher!“

4 Die Mutter zu ihrem Sohn: „Kannst du bitte schnell den Salzstreuer auffüllen?“

5 Bei einem Zoobesuch sagt die Mutter besorgt zu ihrer kleinen Tochter: „Kleines, geh sofort von dem Löwen weg!“

6 Klein Fritzchen fragt: „Was ist Wind?“

7 Eine Schnecke fragt den Gärtner: „Könnte ich ein paar Salatblätter haben?“ Wütend wirft sie der Gärtner über den Zaun.

8 Sagt die Heringsmutter zu ihrem Kind: „Halte dich beim Schwimmen gerade!“ „Wieso?“, fragt ihr Jüngster.

Witzig, witzig

Witzenden

R Schüler: „Besser nicht. Dann finden Sie ja alle meine Rechtschreibfehler!“

K Ein paar Wochen später hat sie sich wieder zum Gärtner vorgearbeitet. Sie sagt beleidigt: „Sag mal, was war denn das gerade eben?“

E Sagt der Vater: „Das ist Luft, die es besonders eilig hat.“

SCH Am nächsten Tag klebt ein Zettel darunter: „Aber man kann auch Mäntel daran aufhängen!“

Z Eine Stunde später kommt der Kleine schluchzend aus der Küche: „Ich schaffe es einfach nicht, das Zeug durch die Löcher zu stopfen!“

S Sie antwortet: „Du willst doch wohl nicht als Rollmops enden?“

K Meint die Kleine treuherzig: „Wieso, Mutti? Ich tue ihm doch gar nichts.“

E Antwortet der Kamelreiter: „Da fahren Sie immer geradeaus, und nächste Woche biegen Sie rechts ab.“

1	2	3	4	5	6	7	8
SCH	E	R	Z	K	E	K	S

Wildschweine

In unseren Wäldern haben sich in den letzten Jahren vermehrt Wildschweine angesiedelt. Umliegende Felder bieten ihnen eine sichere Nahrungsquelle. An vielen Orten sind sie bereits zur Plage geworden und werden deshalb fast das ganze Jahr über gejagt.
Oft richten sie große Schäden an. Sie durchpflügen die Äcker auf der Suche nach Kartoffeln, Mais, Früchten und Mäusen.

Im Durchschnitt bringt eine Bache etwa sieben Junge zur Welt. Wenn so eine Muttersau mit ihren Kindern durch den Wald streift, ist es besser, ihr nicht zu begegnen. Sie würde sofort energisch zum Angriff übergehen und ihre Kleinen verteidigen.

Die Jungtiere kommen meist zwischen März und Mai zur Welt.
Als Geburtsnest gräbt die Wildsau eine tiefe Mulde in den Boden.
Sie polstert die Kinderstube mit weichem Gras aus und baut aus Ästen und Zweigen eine Art Dach darüber. Die Frischlinge sollen möglichst gut geschützt werden. Durch das hellbraun gestreifte Fell sind sie kaum vom Waldboden zu unterscheiden. So werden sie auch in den ersten Monaten von Angreifern nicht so schnell entdeckt. Das Nest ist häufig in Richtung Süden ausgerichtet, damit es von der Sonne erwärmt wird.

Die Frischlinge werden etwa drei Monate lang gesäugt. Die nahrhafte Milch aus den Zitzen ihrer Mutter lässt die Kleinen schnell heranwachsen. Nach etwa drei Wochen unternimmt die Wildschweinfamilie erste Ausflüge. Die Jungtiere wühlen dann eifrig im Waldboden und spüren z. B. Wurzeln, Käfer und Schnecken auf. Obwohl sie noch gesäugt werden, probieren sie bereits solche feste Nahrung. Im Alter von drei Monaten sind sie schon recht kräftig geworden und ihr gestreiftes Haarkleid färbt sich braun.

1 Wie werden junge Wildschweine genannt? Frischlinge

2 Wie lange etwa werden die Frischlinge gesäugt? drei Monate

3 Wenn du einer Wildschweinmutter mit Jungen begegnest, …

- ☐ … versuchst du, die Kleinen zu streicheln.
- ☒ … verhältst du dich ruhig, damit sie dich nicht bemerken.
- ☐ … klatschst du in die Hände, um sie zu vertreiben.

4 Wie viele Junge bringt eine Wildsau durchschnittlich zur Welt?

☐ 4 Junge ☒ 7 Junge ☐ 9 Junge

5 Welchen Satz findest du so im Text?

- ☐ Die Jungtiere kommen meist zwischen April und Mai zur Welt.
- ☒ Die Jungtiere kommen meist zwischen März und Mai zur Welt.
- ☐ Die Jungtiere kommen meist zwischen März und Juni zur Welt.

6 Welche feste Nahrung probieren junge Wildschweine schon im Alter von drei Wochen?

a) Wurzeln b) Käfer c) Schnecken

7 Was bedeutet das Wort „Bache“?

- ☐ Wildschwein
- ☐ Jungtier
- ☒ Muttersau

Männliche Wildschweine nennt man Keiler. Sie haben messerscharfe Eckzähne, die man Hauer nennt.

Von Rittern und Burgen

Das Mittelalter war eine gefährliche und aufregende Zeit. Häufig führten die Fürsten gegeneinander Krieg. Ihre Ritter mussten die Streitigkeiten austragen. Ritter, das war eigentlich nur ein anderer Name für Reiter.

Am Anfang des Rittertums durfte jeder, der genügend Geld für ein Ross, die Rüstung und Waffen hatte, ein Ritter werden. Das konnten sich also nur die Reichen und Vornehmen leisten. Arme Bauern, die nicht genug Geld dafür aufbrachten, durften somit nicht hoch zu Ross in die Schlacht ziehen. Erst später mussten die Söhne von Rittern bis zu ihrem 21. Lebensjahr eine lange Ausbildung machen, um zum Ritter geschlagen zu werden.

Die ersten Ritterburgen bestanden aus einem einfachen, viereckigen Turm. Zur besseren Verteidigung wurde dieser oft auf einem hohen, schwer zugänglichen Felsen erbaut. So eine „Turmburg" hatte mehrere Stockwerke. Durch Wendeltreppen, Falltüren und mithilfe von Schemeln konnte man die einzelnen Räumlichkeiten erreichen.
Alle Vorräte lagerten in der Vorratskammer im Erdgeschoss. Der Arbeitsraum mit einer Kochstelle befand sich im ersten Obergeschoss. Im zweiten Stockwerk gab es einen Wohnraum, in dem sich der Burgherr, seine Gemahlin, die Bediensteten und seine Gäste aufhielten. Das war oft ganz schön eng. Die private Schlafkammer befand sich in der dritten Etage. An diesen „Wohnturm" wurde im Laufe der Zeit immer wieder angebaut. Allmählich entstanden stolze Burganlagen, wie wir sie oft heute noch bestaunen können. In diesen riesigen, massiven Steinbauten wohnten dann ganz viele Menschen wie in einer Stadt: z. B. geschickte Handwerker, Diener, Soldaten und auch ein Priester.

1 Was bedeutet das Wort „Ritter"?

☐ Retter ☐ Rieter ☐ Reuter ☒ Reiter

2 Welchen Satz findest du genau so im Text wieder?

☐ Häufig führten die Fürsten miteinander Krieg.
☐ Häufig führten die Ritter gegeneinander Krieg.
☒ Häufig führten die Fürsten gegeneinander Krieg.
☐ Häufig führten die Ritter miteinander Krieg.

Ross ist ein anderes Wort für Pferd.

3 Wo wurden Turmburgen meist gebaut?

☐ auf einem breiten Hügel
☒ auf einem hohen Felsen
☐ auf einem schmalen Berg

4 Welche Möglichkeiten gab es, um in einer Turmburg von einer Etage in die andere zu gelangen?

a) Wendeltreppen b) Falltüren c) Schemel

5 Was befand sich wo? Beschrifte den Wohnturm.

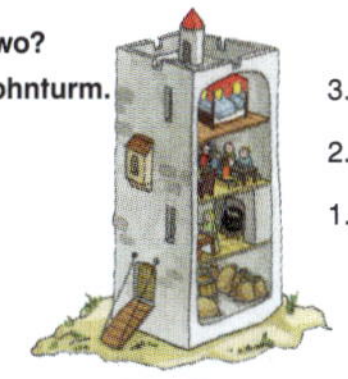

3. OG: Schlafkammer
2. OG: Wohnraum
1. OG: Arbeitsraum
EG: Vorratskammer

6 Wie kam ein Ritter an sein Pferd?

☐ Er bekam es geschenkt. ☒ Er musste es selbst kaufen.
☐ Er bekam es geliehen. ☐ Er musste es selbst fangen.

Wildbienen

Viele Menschen kennen die Honigbiene. Weniger bekannt ist die Wildbiene. Dieses Insekt gibt es in vielen Ländern der Erde. Auch bei uns leben viele verschiedene Wildbienenarten. Wildbienen sind meist kleiner als Honigbienen. Sie leben oft allein, nicht in Gruppen.

Die Larven liegen unter der Erde in kleinen Löchern. Sie werden mit einer Mischung aus Honig und Pollen gefüttert. Wenn sie groß genug sind, schlüpfen sie aus der Erde heraus. Sie können sich aber auch in winzigen Löchern eines Baumstammes entwickeln.

Auch Wildbienen sammeln Nektar und machen daraus Honig. Es gibt manchmal Wildbienenhonig zu kaufen.

Diese Tiere sind eigentlich friedlich. Sie greifen den Menschen normalerweise nicht an. Nur wenn sie in die Enge gedrängt werden, wehren sie sich. Sie stechen zum Beispiel, wenn du auf sie trittst.

Wir müssen Wildbienen schützen. Sie sind nützliche Tiere. Zum Beispiel brauchen wir sie für die Bestäubung vieler Pflanzen: Durch die Bienen wird nämlich Blütenstaub von einer Pflanze zur anderen transportiert. Auf diese Art und Weise können Früchte und neue Pflanzen entstehen.

Streiche falsche Sätze durch.

Achtung! Die richtigen Sätze stehen nicht genau so im Text!

- ~~Die Wildbiene lebt immer in Gruppen.~~
- Die Wildbiene sticht nur, wenn sie in die Enge getrieben wird.
- Die Larven der Wildbiene sind unter der Erde.
- ~~Wildbienen sind meist größer als Honigbienen.~~
- ~~Bei uns gibt es keine Wildbienen.~~
- Die Larven ernähren sich auch von Pollen.
- Wildbienen sind friedliche Tiere.
- ~~Wildbienen und Honigbienen sind die gleichen Bienen.~~
- In Löchern eines Baumstammes können sich Wildbienen auch entwickeln.
- ~~Wir müssen uns vor Wildbienen schützen.~~
- Wildbienen bringen Blütenstaub von einer Pflanze zur anderen.
- ~~Wildbienen sammeln keinen Nektar.~~
- Die Bestäubung ist für die Entwicklung von Früchten und neuen Pflanzen wichtig.

Kinderzimmerkleiderschrankunordnung

In meinem Kinderzimmerkleiderschrank ist eine schreckliche Unordnung. Neben dem Fürdieschulekleid liegt mein Sonntagsausgehkleid und neben meiner Schlittenundskihose befindet sich meine Wasserplanschundschwimmhose.

Wenn ich nicht bald aufräume, finde ich gar nichts mehr! Gestern zum Beispiel habe ich meine Einfachnursozumaufsetzenmütze gesucht, aber nur meine Hältdieohrenwarmmütze gefunden. Dabei brauche ich diese Mütze doch nur im Winter, genauso wie meine Fingerwarmhaltehandschuhe. Anders ist das mit meinen Radfahrvordemhinfallenschutzhandschuhen. Die erfüllen einen ganz bestimmten Zweck und ich kann sie nur zu bestimmten Zeiten anziehen. Hingegen kann ich meine Alletagewohlfühlhose immer brauchen. Sie liegt im Schrank ganz unten, direkt neben dem Lieblingsrotpullover. Aber wo ist meine Nurwennesseinmussanziehhose? Und wer hat meinen Vonderschwesterschenkpulli gesehen?

Vielleicht sollte ich mir heute Nachmittag einmal Zeit zum Aufräumen nehmen. Dann tauchen sicherlich auch wieder meine Mamastrickwollsocken, mein Fußballdabeihabeschal und mein Besonderswarmunterhemd auf. Jetzt, wo es allmählich wieder kälter wird, kann ich das alles gut brauchen. Außerdem möchte ich morgen meine Rotundweißpunktbluse anziehen. Am besten fange ich sofort an, aufzuräumen. Dann wird aus meinem Totalchaoskinderzimmerkleiderschrank vielleicht wieder ein Sofortfindekinderzimmerkleiderschrank. Das wäre doch gar nicht so schlecht, oder?

1 Warum heißt die Geschichte „Kinderzimmerkleiderschrankunordnung"?

☐ Weil das Kind in der Geschichte einen neuen Kleiderschrank möchte.
☒ Weil das Kind in der Geschichte seinen Kleiderschrank aufräumen will.
☐ Weil das Kind in der Geschichte keine Lust zum Aufräumen hat.

2 Unterstreiche alle Kleidungsstücke im Text.

Nicht alle zusammengesetzten Wörter sind Kleidungsstücke!

Wie viele Kleidungsstücke sind es? 17

3 Im Text steht: „Die erfüllen einen ganz bestimmten Zweck und ich kann sie nur zu bestimmten Zeiten anziehen." Welches Kleidungsstück ist damit gemeint?

☐ die Radfahrschönwetteranziehhandschuhe
☒ die Radfahrvordemhinfallenschutzhandschuhe
☐ die Fingerwarmhaltehandschuhe

Welchen Zweck erfüllen sie?

☐ Sie schützen die Hände vor Regen und Kälte.
☒ Sie schützen die Hände bei einem Sturz.

4 Aus wie vielen Einzelwörtern bestehen diese Kleidungsstücke im Text?

Bluse: 5 Schal: 5 Socken: 4

5 Welche dieser Hosen kommen nicht im Text vor? Streiche sie durch.

- eine Hose, die man nur anzieht, wenn es unbedingt nötig ist
- eine Hose, die man gerne jeden Tag anzieht
- ~~eine Hose, die man nur in die Schule anzieht~~
- eine Hose, die man draußen im Schnee anzieht
- eine Hose, die man zum Baden anzieht
- ~~eine Hose, die man nur am Sonntag anzieht~~

Stolperwörter

In jedem Satz befindet sich ein überflüssiges Wort. Streiche es durch.

In der letzten ~~heute~~ Stunde haben wir Mathematik.
Mein Heft, in dem ich gerade arbeite, ist leider ~~Zahlen~~ voll.
Doch da läutet in unserer ~~mein~~ Klasse bereits die Glocke.
Nach der ~~gleich~~ Schule gehe ich nach Hause.
Auf dem Weg besorge ich mir noch ein neues Heft ~~heim~~.
Zu Hause klingle ich hungrig an ~~mit~~ der Tür.
Meine Mutter ~~lecker~~ hat Mittagessen gekocht.
Sie fragt: „Möchtest ~~Nachspeise~~ du gerne Spaghetti?"
Nach ~~bei~~ dem Essen mache ich meine Hausübung.
Ich ~~müde~~ würde vorher noch gerne spielen.
Aber ich fange lieber gleich mit der Arbeit an ~~schnell~~.
Mir gefällt Rechnen ~~schön~~ am besten.
Zuerst schreibe ich Wörterübungen ins Heft ~~voll~~.
Zwischendurch ~~Durst~~ hole ich mir ein Glas Wasser.
Meine Schwester fragt durch die Tür: „Spielen wir nachher ~~Garten~~ zusammen?"
Mama ruft, ob ich schon ~~schreiend~~ fertig bin.
In diesem Moment klettert meine Katze Molli auf ~~schnell~~ meinen Schoß.
Endlich bin ich ~~spielen~~ fertig.
Jetzt gehe ich raus ~~Spielplatz~~.
Die Sonne scheint noch hell ~~Himmel~~.
Wir dürfen draußen bleiben, bis es dunkel ~~toll~~ wird.

Streiche die Wörter ordentlich mit einem Lineal durch.

Rezepte: Schoko-Obst und Salat mit Banane

Probiere doch mal die beiden Rezepte aus.

Hier sind zwei Rezepte durcheinandergeraten.
Unterstreiche: Schoko-Obst = braun
Salat mit Banane = gelb

- Zutaten: Kopfsalat, 2 Bananen, Kräuter (tiefgefroren), Essig und Öl, Salz und Zucker
- Zutaten: 2 Mandarinen, 1 Apfel, Weintrauben, Vollmilchschokolade, Holzzahnstocher
- Weintrauben und Apfel waschen, Mandarinen schälen.
- Salat waschen und in Stücke zupfen.
- Die Weintrauben abzupfen, den Apfel entkernen und in Stücke schneiden, Mandarinen in Spalten teilen.
- Schokolade in Stücke brechen und in eine kleine Glasschüssel legen.
- Bananen schneiden und mit dem Salat in eine Schüssel geben.
- 2 Esslöffel Öl, 2 Esslöffel Essig, etwas Salz und einen Teelöffel Zucker verrühren.
- Dann einen mittelgroßen Topf zur Hälfte mit Wasser füllen und zum Kochen bringen. Die Schüssel mit den Schoko-Stücken vorsichtig ins Wasser setzen. So schmilzt die Schokolade.
- $\frac{1}{2}$ Packung tiefgefrorene Kräuter unter die Salatsoße mengen.
- Das vorbereitete Obst auf Zahnstocher spießen und in die heiße Schokolade tauchen.
- Die Soße über den Salat geben und alles gut vermischen.
- Stücke nebeneinander auf Backpapier legen und abkühlen lassen, bis die Schokolade fest geworden ist.
- Zahnstocher im Obst stecken lassen, dann lässt es sich leichter essen.

Was macht der Wurm im Apfel?

Rotbackig und saftig hängen im Herbst die Äpfel an den Bäumen. Sie warten nur noch darauf, gepflückt zu werden. Viele Äpfel liegen aber auch am Boden. Sie haben braune Flecken und Löcher, an denen schwarze Krümelchen kleben. Schneidest du so einen Apfel auseinander, entdeckst du einen kleinen Gang, der von außen bis hinein ins Kerngehäuse führt. Durch diesen sogenannten „Fraßgang" hat sich eine kleine Raupe gefressen und es sich im Apfelinneren gemütlich gemacht.

Mitte Mai bis Anfang Juni legen die weiblichen Falter des „Apfelwicklers" jeweils 60 bis 100 Eier an Blättern und jungen Früchten von Obstbäumen ab. Aus jedem Ei schlüpft nach etwa ein bis zwei Wochen eine kleine Raupe. Sie krabbelt etwa zwei bis drei Tage auf den jungen Früchten herum, bis sie sich schließlich durch die Schale bohrt, um sich dann zielstrebig bis zum Kerngehäuse durchzufressen. Dabei scheidet sie kleine, schwarze Kotkügelchen aus, die du sicher schon einmal in einem Apfel entdeckt hast.

Vier Wochen lang wohnt nun das Tierchen im Inneren der Frucht. Es futtert sich mit Apfelfleisch so richtig voll. Dabei entwickelt es sich zu einer etwa 20 mm großen Raupe. Nun verlässt die ausgewachsene Raupe wieder die Frucht. An einem seidenen Faden seilt sie sich dann auf die Rinde des Baumes ab und verkriecht sich.

Unter der Rinde verpuppt sie sich. Im Spätsommer oder sogar erst im nächsten Frühjahr schlüpft aus der Puppe ein Schmetterling. Es ist ein Nachtfalter mit silbergrauen Flügeln, der sogenannte „Apfelwickler". Die weiblichen Falter legen Eier. Nun beginnt der Kreislauf von Neuem.

1 Wie entwickelt sich ein Apfelwickler? Nummeriere in der richtigen Reihenfolge.

2 Aus jedem Ei schlüpft nach etwa ein bis zwei Wochen eine kleine Raupe.

7 Im Spätsommer, oder sogar erst im nächsten Frühjahr, schlüpft aus der Puppe ein Schmetterling.

5 Dabei entwickelt sie sich zu einer etwa 20 mm großen Raupe.

1 Mitte Mai bis Anfang Juni legen die weiblichen Falter jeweils 60 bis 100 Eier an Obstbäumen ab.

6 Nun verlässt die ausgewachsene Raupe den Apfel. An einem seidenen Faden seilt sie sich auf die Rinde des Baumes ab und verpuppt sich.

3 Die kleine Raupe bohrt sich durch die Schale des Apfels und frisst sich zielstrebig zum Kerngehäuse durch.

4 Vier Wochen lang wohnt nun das Tierchen im Inneren der Frucht.

Schau im Internet, ob du ein Bild von einem Apfelwickler findest.

2 Verbinde die Entwicklung des Apfelwicklers mit Pfeilen.

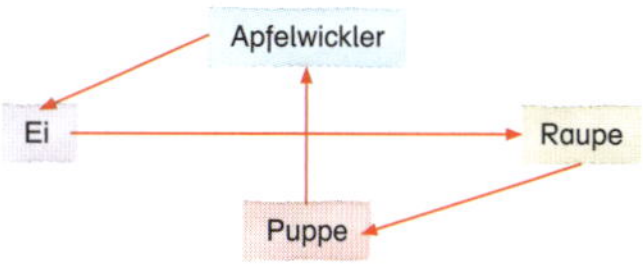

Erstaunliches von uns Menschen

Bilde sinnvolle Sätze. Verbinde und trage pro Satz zwei Lösungsbuchstaben ein.

1 Der Mensch verliert pro Tag …	L	D	… den Weg vom Mund in den Magen zu finden.
2 Sieben Sekunden brauchen Speisen, um …	E	E	… besteht aus etwa 208 Knochen.
3 Ein einzelnes Haar eines Menschen …	E	T	… zwischen 60 und 100 Haare.
4 Das menschliche Skelett …	N	I	… kann bis zu drei Kilogramm halten.
5 Zum Duschen verbraucht der Mensch …	N	R	… Millionen von Bakterien.
6 Auf unseren Füßen befinden sich …	Ö	T	… 20 Jahre seines Lebens verschlafen.
7 Männer zwinkern nur halb so oft …	P	K	… in seinem Leben etwa eine Million Liter Wasser.
8 Durchschnittlich wiegt die Haut …	R	E	… mit den Augen wie Frauen.
9 Ein 70 Jahre alter Mensch hat etwa …	I	F	… eines Erwachsenen zehn bis zwölf Kilogramm.

Erstaunlich, nur männliche Frösche quaken so laut, dass Menschen es hören können.

Lösungssatz:

HA L T E D E I N E N K Ö R P E R F I T !
1 2 3 4 5 6 7 8 9

Lustige Rätsel und Scherzfragen

Arbeite mit Bleistift, dann kannst du leichter verbessern.

Was gehört zusammen? Notiere die Lösungsbuchstaben.

1 Welcher Zahn ist nicht im Mund?	Federball	B
2 Welche Maus hat keine vier Beine?	Seepferdchen	I
3 Welcher Ball rollt nicht?	Zaunkönig	S
4 Welches Pferd kann man nicht reiten?	Löwenzahn	D
5 Welcher König hat kein Reich?	Computermaus	U
6 Wer hat Rücken und Flügel und läuft manchmal?	Nachtisch	I
7 Welche Ratte ist kein Nagetier?	Nase	T
8 Welcher Tisch hat keine Beine?	Ohrmuschel	R
9 Welchen Hut setzt man nicht auf den Kopf?	Raumschiff	T
10 Welche Muschel lebt nicht in Gewässern?	Fingerhut	N
11 In welchem Bett schläft man nicht?	Leseratte	E
12 Welches Schiff schwimmt nicht auf Wasser?	Nagelbett	Ä
13 Welcher Vogel hat keine Flügel?	Scherzvogel	S
14 Was ist beim Fisch groß und beim Elefanten klein?	Schatten	K
15 Welche Bilder sieht man nur im Dunkeln?	das „F/f"	E
16 Was geht mit mir baden und wird nicht nass?	Sternbilder	L
17 Welcher Richter arbeitet bei keinem Gericht?	Geistesblitz	I
18 Wer hat einen Kopf und keine Füße?	Schiedsrichter	Ö
19 Welcher Blitz ist ungefährlich?	Purzelbaum	G
20 Welcher Baum hat keine Äste?	Nagel	N

D U B I S T E I N R Ä T S E L K Ö N I G !
1 2 3 4 5 6 7 8 9 10 11 12 13 14 15 16 17 18 19 20

Wolfgang Amadeus Mozart

Wolfgang Amadeus Mozart war einer der berühmtesten Komponisten der Welt. Er hieß eigentlich Johannes Chrysostomus Wolfgangus Theophilus Mozart. Aber von seiner Familie wurde er nur „Wolferl“ genannt. Er wurde 1756 in Salzburg geboren. Zusammen mit seiner Schwester „Nannerl“ wuchs er in einer sehr musikalischen Familie auf. Vater Leopold war Musiklehrer und unterrichtete beide Kinder selbst.

Mozart war ein besonderes Kind. Bereits mit vier Jahren erlernte er Klavier. Mit sechs Jahren spielte er auch noch wunderbar Geige und komponierte schon selber kleine Musikstücke. Er war so erfolgreich, dass er in diesem Alter öffentliche Auftritte in Österreich und in einigen Städten Europas hatte. Als Jugendlichen bestellte man ihn sogar zum Konzertmeister in Salzburg.

Mozart verbrachte insgesamt über zehn Jahre seines kurzen Lebens auf Konzertreisen quer durch Europa. Damals gab es noch keine Autos. Deshalb mussten die Menschen sich in unbequemen Kutschen durchschütteln lassen und auf den Wegstrecken in einfachen Wirtshäusern übernachten. Durch seine Reisen wurde Mozart in ganz Europa berühmt.

Damals waren die Menschen auch anders gekleidet. Man trug z. B. Perücken. Diese waren hinten zu einem Zopf geflochten, der von einer Schleife gehalten wurde. Noch heute nennt man diese Art von Frisur „Mozartzopf“. Die Frauen trugen Kleider mit Reifröcken, die Männer Kniehosen und seidene Strümpfe.

Mozart schrieb in seinem Leben über 600 Musikstücke. Zu den berühmtesten Werken gehören die „Kleine Nachtmusik“ und die Oper „Die Zauberflöte“.

Aber trotz seines Erfolges schaffte Mozart es nicht, reich zu werden. Verarmt starb er mit nur 35 Jahren an einer unheilbaren Krankheit. Sein Geburtshaus in Salzburg kann man heute besichtigen, es ist ein Museum.

1 Der Text kann in sechs Abschnitte gegliedert werden.

a) Nummeriere die Überschriften für die einzelnen Abschnitte in der Reihenfolge, wie sie im Text vorkommen.
Achtung! Zwei Überschriften sind falsch!

6	Mozarts Lebensende	2	Mozart Wunderkind
	Was aß Mozart am liebsten?	1	Wer war W. A. Mozart?
5	Berühmte Werke	3	Mozart auf Reisen
4	Kleidung zur Zeit Mozarts		Mozart in Wien

b) Zeichne Rahmen um die sechs Abschnitte.

Hör dir doch mal eine Mozart-CD an.

2 Wie heißt das gesuchte Wort, das sich hinter dem Unsinnswort verbirgt?

Mozart kuddelte viele bekannte Werke.
Bereits als Kind kuddelte er kleine Stücke.

Das gesuchte Wort heißt: komponierte

3 Für die unterstrichenen Wörter findest du andere Formulierungen im Text. Schreibe sie dahinter.

… spielte er auch noch fantastisch Geige … wunderbar

… war einer der bekanntesten Komponisten … berühmtesten

… trotz seines Ruhms schaffte Mozart … Erfolges

4 Wie oft kommt „Mozart“ als Wort und Wortteil auf der ganzen Seite 32 vor?

9 mal

Richtig oder falsch?

Welche Sätze ergeben einen Sinn?
Kreuze sie an.

Lies genau. Lass dich nicht täuschen, auch wenn es auf den ersten Blick leicht aussieht.

- [ ] Abends gehe ich ins Bett und ziehe meinen Pyjama aus.
- [ ] Meine Schwester Christian darf bei ihrer Freundin übernachten.
- [x] Nach dem Weihnachtsfest kommt bald Silvester.
- [x] Mein Vater ist schon lange Polizist und hat einen spannenden Beruf.
- [x] Mamas beste Freundin ist 38 Jahre alt und heißt Marion.
- [x] Im Winter kann man in unserer Gegend manchmal Schlitten fahren.
- [x] Nach dem Monat Oktober kommt der Monat November.
- [ ] Nach dem Monat Dienstag kommt der Monat Mittwoch.
- [ ] Oma macht den Fernseher aus und setzt sich gemütlich darauf.
- [ ] In einem Schreibwarengeschäft kann man Stifte und Nägel kaufen.
- [ ] Der Zug fährt am Bahnhof los, während die Leute einsteigen.
- [x] Mit einem Thermometer kann man Temperaturen messen.
- [ ] Mario schießt beim Fußballspiel am Sonntag ein Tor ins Aus.
- [x] In diesem Sommer fahren wir nach Südtirol zum Bergsteigen.
- [ ] Beim Gemüsehändler kaufe ich ein Kilo Winterstiefel.
- [ ] Papa verstaut Schraubenzieher und Hakennase im Werkzeugkasten.
- [x] Im Hochsommer treffen wir uns gerne am See zum Schwimmen.
- [ ] Im Winter frühstücken meine Familie und ich immer auf dem Balkon.
- [x] Spülmaschine und Bügeleisen sind elektrische Haushaltsgeräte.
- [x] Aus dem Radio ertönt ein lustiges Lied, bei dem ich gleich mitsinge.
- [ ] Am Abend, wenn die Sonne aufgeht, lege ich mich zum Schlafen hin.
- [ ] Im Radio höre ich mir gerne spannende Filme über Tiere an.

Die neue Sitzordnung

Die Lehrerin Frau Hauser hat ihre Schülerinnen und Schüler umgesetzt. So sieht nun die erste Reihe aus. Trage die Namen der Kinder richtig in die Namensschilder ein. Male die Dinge dazu, die du aus den Sätzen noch erfährst.

Löse die Aufgabe vorher auf einem leeren Blatt Papier.

Marc sitzt zwischen Murat und Luis. Er hat einen Schal um.
Sofia hat einen Lockenkopf und sitzt am mittleren Tisch.
Mona sitzt neben Lisa. Sie hat lange Zöpfe.
Murat hat nur einen Nachbarn. Er hat seine Pudelmütze noch auf.
Lisa sitzt auf dem Bild links außen und trägt ein Stirnband.
Das Kind zwischen Sofia und Marc hat vor Aufregung ganz rote Backen.

Der Löwe und die Maus

Eine kleine Maus sprang fröhlich um einen schlafenden Löwen herum. Da er sich nicht rührte, begann sie sogar, auf ihm herumzutanzen. Als sie gerade auf seiner Pranke saß, wurde der König der Tiere wach und packte sie. Er wollte die Maus auffressen.

„Ich bitte dich", flehte die zappelnde Maus, „verschone mein Leben! Was würde mein Tod dir nützen? Ich bin doch nur ein kleiner Happen für dich. Wenn du mir das Leben schenkst, werde ich mich dankbar erweisen."

Da lachte der Löwe. Er betrachtete das kleine Tier eine Weile, ließ es dann aber los und dachte bei sich: „Wie wird so ein winziges Wesen wohl dem König der Tiere seinen Dank erweisen können?"

Die Maus rannte erleichtert davon, während ihr der Löwe noch lange schmunzelnd nachsah.

Nach einiger Zeit jedoch verfing der Löwe sich in den Netzen von Jägern. Selbst mit aller Kraft, die ihm die Angst verlieh, vermochte er sich nicht mehr aus den Schlingen zu befreien.

Da kam die Maus angelaufen und nagte emsig mit ihren scharfen Zähnen eine der Maschen entzwei. Es war zwar nur eine einzige Masche, aber dadurch begannen sich die anderen zu lösen. Der Löwe konnte so seine Fesseln zerreißen und entkommen.

(nach Äsop)

1 Wie wird der Löwe in der Geschichte bezeichnet?

- [x] König der Tiere
- [ ] König der Löwen
- [ ] König der Steppe
- [ ] Mäusekönig

2 Wer hat den Löwen gefangen?

- [ ] Schlingenleger
- [x] Jäger
- [ ] Wilderer
- [ ] Tierfänger

3 Verbinde Satzanfang und Satzende richtig.

Die Maus rettet den Löwen … ⟶ … und hält das Versprechen.

Der Löwe lässt die Maus frei … ⟶ … und zeigt sich großherzig.

Die Jäger haben das Nachsehen … ⟶ … und ihnen entwischt die Beute.

4 Was wäre passiert, wenn der Löwe die Maus gefressen hätte?

- [ ] Er wäre satt gewesen.
- [ ] Er wäre an der Maus erstickt.
- [x] Die Maus hätte ihm später nicht helfen können.
- [ ] Der Löwe wäre den Jägern nicht ins Netz gegangen.

5 Unterstreiche die Eigenschaften der Maus rot und die des Löwen blau.

leichtsinnig (rot) großmütig (blau) hilfsbereit (rot) majestätisch (blau) ungläubig (blau) flink (rot)

6 Welche Lehre kannst du aus der Geschichte ziehen?

- [ ] Man soll sich nicht auf andere verlassen.
- [x] Auch Kleinen kann man etwas zutrauen.
- [ ] Kleine brauchen nur große Freunde.

7 Welche Eigenschaften treffen auf Maus und Löwe zu? Kreise sie ein.

(hilflos) feige (dankbar) (erleichtert) (verzweifelt) übermütig frech langweilig

Informationen für Fußballfans

Fußball ist die beliebteste Sportart auf der ganzen Welt. In Europa spielten die Menschen bereits im Mittelalter Fußball. Damals gab es noch kein begrenztes Spielfeld, keine Tore und keine festgelegten Regeln.

Bei einem Spiel trugen benachbarte Dörfer heftige Kämpfe gegeneinander aus. Jeder durfte mitspielen und versuchen, den Ball ins gegnerische Dorf hineinzuschießen.

Erst im Jahre 1863 wurde in England die erste Fußballvereinigung gegründet. Auf den Spielfeldern ging es immer noch ziemlich ruppig zu. Untereinander wurden Tritte und Faustschläge ausgeteilt. Der Verband legte deshalb erste verbindliche Fußballregeln fest. Im Jahre 1904 wurde „Der Österreichische Fußballbund" (ÖFB) ins Leben gerufen. Frauen durften damals noch nicht Fußball spielen. Das war ausschließlich ein Spiel für Buben und Männer.

Seit der WM 1970 werden Verstöße mit der gelben oder roten Karte geahndet. Die vorschriftsmäßige Spielerbekleidung besteht aus einem Trikot, kurzer Hose, Schienbeinschonern, Stutzen und Fußballschuhen. Auf dem Spielfeld stehen sich zwei Mannschaften mit jeweils zehn Feldspielern und einem Torwart gegenüber.

Die Breite einer weißen Feldlinie beträgt höchstens 12 cm. Ein Spiel dauert zweimal 45 Minuten. Dazwischen liegt die Halbzeitpause von 15 Minuten. Das Gewicht des Fußballs ist mit maximal 450 Gramm festgelegt. Besonders merkwürdige Maße hat ein Fußballtor. Es ist 7,32 m breit und 2,44 m hoch. Das ergibt sich aus der Umrechnung aus dem englischen Maß: 8 „yard" mal 8 „feet".

1 Was tragen die Feldspieler bei einem Fußballspiel? Kreise ein.

(Fußballschuhe) lange Hose Beinschienen (Schienbeinschoner) (Trikot) Handschuhe (Stutzen) (kurze Hose) Helm

2 Welche Maße hat ein Fußballtor?

Breite: 7,32 m Höhe: 2,44 m

3 Mit welcher Karte wird beim Fußballspiel ein Regelverstoß angezeigt?

- [ ] rote oder grüne Karte
- [ ] rote oder blaue Karte
- [x] rote oder gelbe Karte
- [ ] rote oder weiße Karte

4 Was bedeutet beim Fußball die Abkürzung ÖFB?

- [ ] Österreichisches Fußballbett
- [ ] Österreichisches Fußballbein
- [ ] Österreichisches Fußballband
- [x] Österreichischer Fußballbund

5 In welchem Land wurden vor ungefähr 150 Jahren die ersten Fußballregeln eingeführt? England

6 Wie breit dürfen die weißen Feldlinien höchstens sein?

- [ ] 12 dm
- [ ] 12 m
- [ ] 12 km
- [x] 12 cm
- [ ] 12 mm

7 Wie viel Zeit vergeht vom Anpfiff eines Spiels bis zum Abpfiff?

- [ ] 70 Minuten
- [ ] 90 Minuten
- [x] 105 Minuten

(2 mal 45 min + 15 min Pause)

8 Welches Gewicht dürfen zwei Fußbälle maximal haben? 900 g

9 Wie viele Feldspieler stehen bei einem Spiel auf dem Fußballplatz?

- [ ] 10
- [ ] 11
- [x] 20
- [ ] 22
- [ ] 24

Stress am Bahnschalter

So ein Betrieb wie heute war schon lange nicht mehr gewesen! Bereits morgens um 8 Uhr kamen die ersten Kunden zu Frau Sommer, der netten Dame am Bahnschalter.
„Einmal nach Graz und zurück", sagte ein junger, schlanker Herr mit Brille. Er zückte seinen Geldbeutel und zahlte den Preis für die Bahnfahrkarten. Dann packte er seine rechteckige, schwarze Tasche und eilte davon.

Gleich hinter dem Herrn stand eine junge Dame mit Hut und blauer Tasche in der Reihe und fragte: „Was kostet eine Fahrt nach Düsseldorf am Wochenende?" Frau Sommer erteilte freundlich Auskunft. Die Dame stellte ihre Tasche ab und kaufte die Fahrkarte. Wenig später war sie samt ihrer Tasche wieder verschwunden. Kurz darauf kam ein altes Ehepaar an den Schalter. Die Dame trug einen Regenschirm und eine grüne Tasche, der Herr führte einen kleinen Hund mit sich. Sie kauften zwei Fahrkarten für den Sonderzug nach Salzburg. Gemächlich gingen sie mit Hund und Schirm wieder davon.
Nervös fragte kurz darauf ein vornehmer Herr mit einer auffallenden blauen Krawatte und einer kleinen, blauen Herrentasche: „Können Sie mir schnell zwei Tickets für den ICE nach Mailand für heute Nachmittag geben?" Natürlich konnte Frau Sommer das! Der Herr nahm Geld aus der Tasche, bezahlte die Tickets und lief mit den Fahrkarten und dem Geldbeutel in der Hand davon. Ein dicker Herr mit Glatze stellte krachend seine blaue Aktentasche auf die Schalterablage. „Bitte eine Fahrkarte für den Regionalzug nach Wels!", sagte er. Als er davonging, beobachtete Frau Sommer, wie die schwere Aktentasche den Arm des Mannes nach unten zog.
Doch sie hatte wenig Zeit zum Beobachten, weil das alte Ehepaar noch einmal zurückkam. Sie hatten nämlich etwas vergessen.

1 Was hat das alte Ehepaar vergessen?

eine grüne Tasche

2 Nachdem Frau Sommer dem alten Ehepaar sein Eigentum wiedergegeben hatte, entdeckte sie etwas: Auf der Bahnschalterablage lag noch eine Tasche. Wer hatte die vergessen? Kreuze an.

- ☐ junger Herr mit Brille
- ☐ Dame mit Hut
- ☐ Frau Sommer
- ☐ altes Ehepaar
- ☒ Herr mit Krawatte
- ☐ Herr mit Glatze

3 Wie viele Personen hatten eine blaue Tasche dabei?

3 Personen

4 Welche Dinge gehören zu wem? Male in der gleichen Farbe an.

junger Herr | altes Ehepaar | dicker Herr | junge Dame | vornehmer Herr

Brille
Hund
Aktentasche
Krawatte
Hut
grüne Tasche
Regenschirm
schwarze Tasche

Anzeigen aus der Zeitung

A

Die Party-Idee!

Feiere deinen Geburtstag in der Pizzeria. Du wirst mit deinen Freunden Pizza backen. Jedes Kind kann sie nach seinen Vorstellungen belegen. Zur Begrüßung erhalten alle einen Kindersekt. Pro Kind ist noch ein weiteres Getränk frei. Anschließend machen wir Spiele. Ein Fotograf schießt während des Festes Bilder und fertigt ein Erinnerungsalbum für das Geburtstagskind an.

- Mindestens 8 Kinder zwischen 6 und 10 Jahren sollten es sein.
- Dauer: ca. 3 Stunden, samstag- oder sonntagmittags
- Kosten: pro Person 15 €
- Infos unter: www.paolinospizza-party.com oder unter Telefon 0 81 73 / 8 42 37

B

Geburtstagsspaß ohne Ende!

Unser großer Indoor-Spielplatz erwartet dich und deine Geburtstagsgäste. In einer Halle von 2 500 m² gibt es Platz zum Toben und Spielen. Es erwarten euch z. B.: Riesenhüpfburgen, ein Bungee-Trampolin, Spieletische, ein Labyrinth, Ballbecken, Kletterwände, Spiralenrutschen und mehr.
Kostenlos für alle: eine Saftbar und Popcornautomaten! Wir organisieren auch betreute Spiele. In dieser Zeit können eure Eltern im angrenzenden Café entspannen.

Weitere Informationen:
Kinderland Miramix, täglich geöffnet von 10 bis 18 Uhr, für Kinder ab 8 Jahren

Ganztagesticket:
Kinder 7,50 €, Erwachsene 3 €

Mehr unter Tel.: 0 97 63 / 24 34 27

C

Dino-Museum öffnet Türen für Geburtstagsfeste!

Der informative Kindergeburtstag! Wer will nicht einen spannenden und lehrreichen Geburtstag bei uns verbringen? Für Kinder zwischen 5 und 9 Jahren machen wir besondere Geburtstagsführungen. Gruppenstärke: maximal 20 Kinder! Nach der Führung gibt es die Möglichkeit, mitgebrachte Speisen und Getränke in unserer Cafeteria zu verzehren. Danach geht es weiter mit einem bunten Programm:

Spielen, Malen, Basteln oder Forschen nach Lust und Laune.

Das musst du wissen:
- 2 Erwachsene können kostenlos als Begleiter mit dabei sein
- Führung mit anschließendem Programm: 110 € (incl. Material und kleinem Geschenk)
- Mo – Fr 14 bis 17 Uhr und Sa / So 10 bis 13 Uhr

Anmeldung erbeten im Naturkundemuseum Oberreith, Telefon: 0 82 31 / 90 98 97

Beantworte die Fragen zu den Geburtstagsanzeigen aus der Zeitung.

Bei den Aufgaben 2 bis 4 reicht es, wenn du den entsprechenden Buchstaben aus der Anzeige als Antwort notierst (A, B oder C).

1 Was wird nicht angeboten? Streiche durch.

- Geburtstag im italienischen Restaurant
- ~~Kindergeburtstag im Cineplex-Kino~~
- ~~Party im Dino-Zoo Hellabrunn~~
- Geburtstag in einer großen Spielehalle
- ~~Badespaß-Fest im Wellenschwimmbad~~

2 Welchen Veranstalter kann man im Internet besuchen? A

3 Hanna wird 10 Jahre alt. Welches Programm fällt für sie weg? C

4 Jedes Kind hat an einer der drei Veranstaltungen teilgenommen. An welcher? Notiere A, B oder C in die Kästchen.

Zum Schluss ...

Spaß ohne Worte

Tobias ist stumm. Er kann nicht sprechen. Welche Fragen kann er nur durch Kopfnicken (ja) und Kopfschütteln (nein) beantworten? Kreuze an.

- ☐ Wie geht es dir?
- ☒ Kannst du sprechen?
- ☒ Magst du mitspielen?
- ☒ Spielst du gerne Lego?
- ☒ Hast du Geschwister?
- ☐ Wie viele Geschwister hast du?
- ☐ In welche Schule gehst du?
- ☒ Warst du schon einmal in Italien im Urlaub?
- ☒ Hast du ein Haustier?
- ☐ Welchen Film hast du zuletzt im Kino gesehen?
- ☒ Wollen wir einmal zum Schwimmen gehen?
- ☐ Wie verständigst du dich mit deinen Eltern?
- ☒ Isst du gerne Pizza?
- ☐ Welches ist deine Lieblingspizza?
- ☐ Was ist deine Lieblingssportart?
- ☒ Bist du schon einmal geritten?
- ☐ Was hast du zu deinem letzten Geburtstag geschenkt bekommen?
- ☒ Hast du ein Fahrrad?
- ☐ Was wünschst du dir zu Weihnachten?
- ☐ Welches Schulfach magst du am liebsten?
- ☒ Möchtest du etwas zu trinken?
- ☒ Wollen wir Freunde sein?
- ☐ Wann treffen wir uns wieder?

VERITAS

Gemeinsam besser lernen

VERITAS Verlags- und Handelsges.m.b.H. & Co. OG
Hafenstraße 2a · 4020 Linz · Tel.: +43.(0)732.77 64 51-2280
kundenberatung@veritas.at

www.veritas.at

Probiere doch mal die beiden Rezepte aus.

Hier sind zwei Rezepte durcheinandergeraten.

Unterstreiche: Schoko-Obst = braun

Salat mit Banane = gelb

- Zutaten: Kopfsalat, 2 Bananen, Kräuter (tiefgefroren), Essig und Öl, Salz und Zucker
- Zutaten: 2 Mandarinen, 1 Apfel, Weintrauben, Vollmilchschokolade, Holzzahnstocher
- Weintrauben und Apfel waschen, Mandarinen schälen.
- Salat waschen und in Stücke zupfen.
- Die Weintrauben abzupfen, den Apfel entkernen und in Stücke schneiden, Mandarinen in Spalten teilen.
- Schokolade in Stücke brechen und in eine kleine Glasschüssel legen.
- Bananen schneiden und mit dem Salat in eine Schüssel geben.

- 2 Esslöffel Öl, 2 Esslöffel Essig, etwas Salz und einen Teelöffel Zucker verrühren.
- Dann einen mittelgroßen Topf zur Hälfte mit Wasser füllen und zum Kochen bringen. Die Schüssel mit den Schoko-Stücken vorsichtig ins Wasser setzen. So schmilzt die Schokolade.
- ½ Packung tiefgefrorene Kräuter unter die Salatsoße mengen.

- Das vorbereitete Obst auf Zahnstocher spießen und in die heiße Schokolade tauchen.
- Die Soße über den Salat geben und alles gut vermischen.
- Stücke nebeneinander auf Backpapier legen und abkühlen lassen, bis die Schokolade fest geworden ist.
- Zahnstocher im Obst stecken lassen, dann lässt es sich leichter essen.

Was macht der Wurm im Apfel?

Rotbackig und saftig hängen im Herbst die Äpfel an den Bäumen. Sie warten nur noch darauf, gepflückt zu werden. Viele Äpfel liegen aber auch am Boden. Sie haben braune Flecken und Löcher, an denen schwarze Krümelchen kleben. Schneidest du so einen Apfel auseinander, entdeckst du einen kleinen Gang, der von außen bis hinein ins Kerngehäuse führt. Durch diesen sogenannten „Fraßgang" hat sich eine kleine Raupe gefressen und es sich im Apfelinneren gemütlich gemacht.

Mitte Mai bis Anfang Juni legen die weiblichen Falter des „Apfelwicklers" jeweils 60 bis 100 Eier an Blättern und jungen Früchten von Obstbäumen ab. Aus jedem Ei schlüpft nach etwa ein bis zwei Wochen eine kleine Raupe. Sie krabbelt etwa zwei bis drei Tage auf den jungen Früchten herum, bis sie sich schließlich durch die Schale bohrt, um sich dann zielstrebig bis zum Kerngehäuse durchzufressen. Dabei scheidet sie kleine, schwarze Kotkügelchen aus, die du sicher schon einmal in einem Apfel entdeckt hast.

Vier Wochen lang wohnt nun das Tierchen im Inneren der Frucht. Es futtert sich mit Apfelfleisch so richtig voll. Dabei entwickelt es sich zu einer etwa 20 mm großen Raupe. Nun verlässt die ausgewachsene Raupe wieder die Frucht. An einem seidenen Faden seilt sie sich dann auf die Rinde des Baumes ab und verkriecht sich.

Unter der Rinde verpuppt sie sich. Im Spätsommer oder sogar erst im nächsten Frühjahr schlüpft aus der Puppe ein Schmetterling. Es ist ein Nachtfalter mit silbergrauen Flügeln, der sogenannte „Apfelwickler". Die weiblichen Falter legen Eier. Nun beginnt der Kreislauf von Neuem.

1 **Wie entwickelt sich ein Apfelwickler?**
Nummeriere in der richtigen Reihenfolge.

___ Aus jedem Ei schlüpft nach etwa ein bis zwei Wochen eine kleine Raupe.

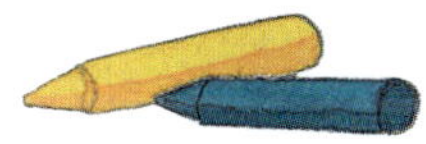

___ Im Spätsommer, oder sogar erst im nächsten Frühjahr, schlüpft aus der Puppe ein Schmetterling.

___ Dabei entwickelt sie sich zu einer etwa 20 mm großen Raupe.

_1_ Mitte Mai bis Anfang Juni legen die weiblichen Falter jeweils 60 bis 100 Eier an Obstbäumen ab.

___ Nun verlässt die ausgewachsene Raupe den Apfel. An einem seidenen Faden seilt sie sich auf die Rinde des Baumes ab und verpuppt sich.

___ Die kleine Raupe bohrt sich durch die Schale des Apfels und frisst sich zielstrebig zum Kerngehäuse durch.

___ Vier Wochen lang wohnt nun das Tierchen im Inneren der Frucht.

2 **Verbinde die Entwicklung des Apfelwicklers mit Pfeilen.**

Apfelwickler

Ei

Raupe

Puppe

Erstaunliches von uns Menschen

Bilde sinnvolle Sätze. Verbinde und trage pro Satz zwei Lösungsbuchstaben ein.

1 Der Mensch verliert pro Tag …	L	D	… den Weg vom Mund in den Magen zu finden.
2 Sieben Sekunden brauchen Speisen, um …	E	E	… besteht aus etwa 208 Knochen.
3 Ein einzelnes Haar eines Menschen …	E	T	… zwischen 60 und 100 Haare.
4 Das menschliche Skelett …	N	I	… kann bis zu drei Kilogramm halten.
5 Zum Duschen verbraucht der Mensch …	N	R	… Millionen von Bakterien.
6 Auf unseren Füßen befinden sich …	Ö	T	… 20 Jahre seines Lebens verschlafen.
7 Männer zwinkern nur halb so oft …	P	K	… in seinem Leben etwa eine Million Liter Wasser.
8 Durchschnittlich wiegt die Haut …	R	E	… mit den Augen wie Frauen.
9 Ein 70 Jahre alter Mensch hat etwa …	I	F	… eines Erwachsenen zehn bis zwölf Kilogramm.

Lösungssatz:

HA L T ___ ___ ___ ___ ___ ___ ___ ___ ___ ___ ___ ___ ___ ___ ___ ___ !

1 2 3 4 5 6 7 8 9

Was gehört zusammen?
Notiere die Lösungsbuchstaben.

1	Welcher Zahn ist nicht im Mund?	Federball	B
2	Welche Maus hat keine vier Beine?	Seepferdchen	I
3	Welcher Ball rollt nicht?	Zaunkönig	S
4	Welches Pferd kann man nicht reiten?	Löwenzahn	D
5	Welcher König hat kein Reich?	Computermaus	U
6	Wer hat Rücken und Flügel und läuft manchmal?	Nachtisch	I
7	Welche Ratte ist kein Nagetier?	Nase	T
8	Welcher Tisch hat keine Beine?	Ohrmuschel	R
9	Welchen Hut setzt man nicht auf den Kopf?	Raumschiff	T
10	Welche Muschel lebt nicht in Gewässern?	Fingerhut	N
11	In welchem Bett schläft man nicht?	Leseratte	E
12	Welches Schiff schwimmt nicht auf Wasser?	Nagelbett	Ä
13	Welcher Vogel hat keine Flügel?	Scherzvogel	S
14	Was ist beim Fisch groß und beim Elefanten klein?	Schatten	K
15	Welche Bilder sieht man nur im Dunkeln?	das „F/f“	E
16	Was geht mit mir baden und wird nicht nass?	Sternbilder	L
17	Welcher Richter arbeitet bei keinem Gericht?	Geistesblitz	I
18	Wer hat einen Kopf und keine Füße?	Schiedsrichter	Ö
19	Welcher Blitz ist ungefährlich?	Purzelbaum	G
20	Welcher Baum hat keine Äste?	Nagel	N

_ _   _ _ _ _   _ _ _   _ _ _ _ _ _ _ _ _ _ _ !

1 2   3 4 5 6   7 8 9   10 11 12 13 14 15 16 17 18 19 20

Wolfgang Amadeus Mozart

Wolfgang Amadeus Mozart war einer der berühmtesten Komponisten der Welt. Er hieß eigentlich Johannes Chrysostomus Wolfgangus Theophilus Mozart. Aber von seiner Familie wurde er nur „Wolferl“ genannt. Er wurde 1756 in Salzburg geboren. Zusammen mit seiner Schwester „Nannerl“ wuchs er in einer sehr musikalischen Familie auf. Vater Leopold war Musiklehrer und unterrichtete beide Kinder selbst. Mozart war ein besonderes Kind. Bereits mit vier Jahren lernte er Klavier. Mit sechs Jahren spielte er auch noch wunderbar Geige und komponierte schon selber kleine Musikstücke. Er war so erfolgreich, dass er in diesem Alter öffentliche Auftritte in Österreich und in einigen Städten Europas hatte. Als Jugendlichen bestellte man ihn sogar zum Konzertmeister in Salzburg.

Mozart verbrachte insgesamt über zehn Jahre seines kurzen Lebens auf Konzertreisen quer durch Europa. Damals gab es noch keine Autos. Deshalb mussten die Menschen sich in unbequemen Kutschen durchschütteln lassen und auf den Wegstrecken in einfachen Wirtshäusern übernachten. Durch seine Reisen wurde Mozart in ganz Europa berühmt. Damals waren die Menschen auch anders gekleidet. Man trug z. B. Perücken. Diese waren hinten zu einem Zopf geflochten, der von einer Schleife gehalten wurde. Noch heute nennt man diese Art von Frisur „Mozartzopf“. Die Frauen trugen Kleider mit Reifröcken, die Männer Kniehosen und seidene Strümpfe.

Mozart schrieb in seinem Leben über 600 Musikstücke. Zu den berühmtesten Werken gehören die „Kleine Nachtmusik“ und die Oper „Die Zauberflöte“. Aber trotz seines Erfolges schaffte Mozart es nicht, reich zu werden. Verarmt starb er mit nur 35 Jahren an einer unheilbaren Krankheit. Sein Geburtshaus in Salzburg kann man heute besichtigen, es ist ein Museum.

1 **Der Text kann in sechs Abschnitte gegliedert werden.**

a) Nummeriere die Überschriften für die einzelnen Abschnitte in der Reihenfolge, wie sie im Text vorkommen.
Achtung! Zwei Überschriften sind falsch!

___ Mozarts Lebensende

___ Was aß Mozart am liebsten?

___ Berühmte Werke

___ Kleidung zur Zeit Mozarts

___ Mozart Wunderkind

___ Wer war W. A. Mozart?

___ Mozart auf Reisen

___ Mozart in Wien

b) Zeichne Rahmen um die sechs Abschnitte.

2 **Wie heißt das gesuchte Wort, das sich hinter dem Unsinnswort verbirgt?**

Mozart kuddelte viele bekannte Werke.
Bereits als Kind kuddelte er kleine Stücke.

Das gesuchte Wort heißt: ______________________

3 **Für die unterstrichenen Wörter findest du andere Formulierungen im Text. Schreibe sie dahinter.**

… spielte er auch noch fantastisch Geige … ______________________

… war einer der bekanntesten Komponisten … ______________________

… trotz seines Ruhms schaffte Mozart … ______________________

4 **Wie oft kommt „Mozart“ als Wort und Wortteil auf der ganzen Seite 32 vor?**

___ mal

Richtig oder falsch?

Welche Sätze ergeben einen Sinn?
Kreuze sie an.

Lies genau. Lass dich nicht täuschen, auch wenn es auf den ersten Blick leicht aussieht.

- ☐ Abends gehe ich ins Bett und ziehe meinen Pyjama aus.
- ☐ Meine Schwester Christian darf bei ihrer Freundin übernachten.
- ☒ Nach dem Weihnachtsfest kommt bald Silvester.
- ☒ Mein Vater ist schon lange Polizist und hat einen spannenden Beruf.
- ☒ Mamas beste Freundin ist 38 Jahre alt und heißt Marion.
- ☒ Im Winter kann man in unserer Gegend manchmal Schlitten fahren.
- ☒ Nach dem Monat Oktober kommt der Monat November.
- ☐ Nach dem Monat Dienstag kommt der Monat Mittwoch.
- ☐ Oma macht den Fernseher aus und setzt sich gemütlich darauf.
- ☐ In einem Schreibwarengeschäft kann man Stifte und Nägel kaufen.
- ☐ Der Zug fährt am Bahnhof los, während die Leute einsteigen.
- ☒ Mit einem Thermometer kann man Temperaturen messen.
- ☐ Mario schießt beim Fußballspiel am Sonntag ein Tor ins Aus.
- ☒ In diesem Sommer fahren wir nach Südtirol zum Bergsteigen.
- ☐ Beim Gemüsehändler kaufe ich ein Kilo Winterstiefel.
- ☒ Papa verstaut Schraubenzieher und Hakennase im Werkzeugkasten.
- ☒ Im Hochsommer treffen wir uns gerne am See zum Schwimmen.
- ☐ Im Winter frühstücken meine Familie und ich immer auf dem Balkon.
- ☒ Spülmaschine und Bügeleisen sind elektrische Haushaltsgeräte.
- ☐ Aus dem Radio ertönt ein lustiges Lied, bei dem ich gleich mitsinge.
- ☐ Am Abend, wenn die Sonne aufgeht, lege ich mich zum Schlafen hin.
- ☐ Im Radio höre ich mir gerne spannende Filme über Tiere an.

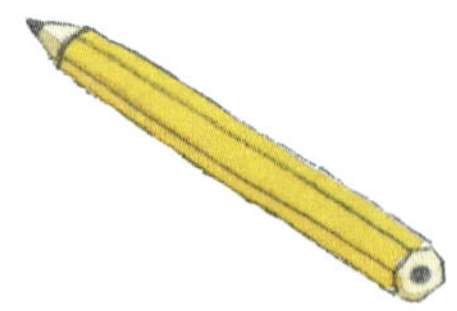

Die Lehrerin Frau Hauser hat ihre Schülerinnen und Schüler umgesetzt. So sieht nun die erste Reihe aus. Trage die Namen der Kinder richtig in die Namensschilder ein. Male die Dinge dazu, die du aus den Sätzen noch erfährst.

Marc sitzt zwischen Murat und Luis. Er hat einen Schal um.

Sofia hat einen Lockenkopf und sitzt am mittleren Tisch.

Mona sitzt neben Lisa. Sie hat lange Zöpfe.

Murat hat nur einen Nachbarn. Er hat seine Pudelmütze noch auf.

Lisa sitzt auf dem Bild links außen und trägt ein Stirnband.

Das Kind zwischen Sofia und Marc hat vor Aufregung ganz rote Backen.

Der Löwe und die Maus

Eine kleine Maus sprang fröhlich um einen schlafenden Löwen herum. Da er sich nicht rührte, begann sie sogar, auf ihm herumzutanzen. Als sie gerade auf seiner Pranke saß, wurde der König der Tiere wach und packte sie. Er wollte die Maus auffressen.

„Ich bitte dich", flehte die zappelnde Maus, „verschone mein Leben! Was würde mein Tod dir nützen? Ich bin doch nur ein kleiner Happen für dich. Wenn du mir das Leben schenkst, werde ich mich dankbar erweisen."

Da lachte der Löwe. Er betrachtete das kleine Tier eine Weile, ließ es dann aber los und dachte bei sich: „Wie wird so ein winziges Wesen wohl dem König der Tiere seinen Dank erweisen können?"

Die Maus rannte erleichtert davon, während ihr der Löwe noch lange schmunzelnd nachsah.

Nach einiger Zeit jedoch verfing der Löwe sich in den Netzen von Jägern. Selbst mit aller Kraft, die ihm die Angst verlieh, vermochte er sich nicht mehr aus den Schlingen zu befreien.

Da kam die Maus angelaufen und nagte emsig mit ihren scharfen Zähnen eine der Maschen entzwei. Es war zwar nur eine einzige Masche, aber dadurch begannen sich die anderen zu lösen. Der Löwe konnte so seine Fesseln zerreißen und entkommen.

(nach Äsop)

1 **Wie wird der Löwe in der Geschichte bezeichnet?**

- ☐ König der Tiere
- ☐ König der Löwen
- ☐ König der Steppe
- ☐ Mäusekönig

2 **Wer hat den Löwen gefangen?**

☐ Schlingenleger ☐ Jäger ☐ Wilderer ☐ Tierfänger

3 **Verbinde Satzanfang und Satzende richtig.**

Die Maus rettet den Löwen … ○	○ … und zeigt sich großherzig.
Der Löwe lässt die Maus frei … ○	○ … und hält das Versprechen.
Die Jäger haben das Nachsehen … ○	○ … und ihnen entwischt die Beute.

4 **Was wäre passiert, wenn der Löwe die Maus gefressen hätte?**

- ☐ Er wäre satt gewesen.
- ☐ Er wäre an der Maus erstickt.
- ☐ Die Maus hätte ihm später nicht helfen können.
- ☐ Der Löwe wäre den Jägern nicht ins Netz gegangen.

5 **Unterstreiche die Eigenschaften der Maus rot und die des Löwen blau.**

leichtsinnig großmütig hilfsbereit majestätisch ungläubig flink

6 **Welche Lehre kannst du aus der Geschichte ziehen?**

- ☐ Man soll sich nicht auf andere verlassen.
- ☐ Auch Kleinen kann man etwas zutrauen.
- ☐ Kleine brauchen nur große Freunde.

7 **Welche Eigenschaften treffen auf Maus und Löwe zu? Kreise sie ein.**

hilflos	feige	dankbar	erleichtert
verzweifelt	übermütig	frech	langweilig

Informationen für Fußballfans

Fußball ist die beliebteste Sportart auf der ganzen Welt. In Europa spielten die Menschen bereits im Mittelalter Fußball. Damals gab es noch kein begrenztes Spielfeld, keine Tore und keine festgelegten Regeln.
Bei einem Spiel trugen benachbarte Dörfer heftige Kämpfe gegeneinander aus. Jeder durfte mitspielen und versuchen, den Ball ins gegnerische Dorf hineinzuschießen.
Erst im Jahre 1863 wurde in England die erste Fußballvereinigung gegründet. Auf den Spielfeldern ging es immer noch ziemlich ruppig zu. Untereinander wurden Tritte und Faustschläge ausgeteilt. Der Verband legte deshalb erste verbindliche Fußballregeln fest. Im Jahre 1904 wurde „Der Österreichische Fußballbund“ (ÖFB) ins Leben gerufen. Frauen durften damals noch nicht Fußball spielen. Das war ausschließlich ein Spiel für Buben und Männer.

Seit der WM 1970 werden Verstöße mit der gelben oder roten Karte geahndet. Die vorschriftsmäßige Spielerbekleidung besteht aus einem Trikot, kurzer Hose, Schienbeinschonern, Stutzen und Fußballschuhen. Auf dem Spielfeld stehen sich zwei Mannschaften mit jeweils zehn Feldspielern und einem Torwart gegenüber.
Die Breite einer weißen Feldlinie beträgt höchstens 12 cm. Ein Spiel dauert zweimal 45 Minuten. Dazwischen liegt die Halbzeitpause von 15 Minuten. Das Gewicht des Fußballs ist mit maximal 450 Gramm festgelegt. Besonders merkwürdige Maße hat ein Fußballtor. Es ist 7,32 m breit und 2,44 m hoch. Das ergibt sich aus der Umrechnung aus dem englischen Maß: 8 „yard“ mal 8 „feet“.

1 **Was tragen die Feldspieler bei einem Fußballspiel? Kreise ein.**

Fußballschuhe lange Hose Beinschienen Schienbeinschoner

Trikot Handschuhe Stutzen kurze Hose Helm

2 **Welche Maße hat ein Fußballtor?**

Breite: ______________________ Höhe: ______________________

3 **Mit welcher Karte wird beim Fußballspiel ein Regelverstoß angezeigt?**

- ☐ rote oder grüne Karte
- ☐ rote oder blaue Karte
- ☐ rote oder gelbe Karte
- ☐ rote oder weiße Karte

4 **Was bedeutet beim Fußball die Abkürzung ÖFB?**

- ☐ Österreichisches Fußballbett
- ☐ Österreichisches Fußballbein
- ☐ Österreichisches Fußballband
- ☐ Österreichischer Fußballbund

5 **In welchem Land wurden vor ungefähr 150 Jahren die ersten Fußballregeln eingeführt?** ______________________

6 **Wie breit dürfen die weißen Feldlinien höchstens sein?**

☐ 12 dm ☐ 12 m ☐ 12 km ☐ 12 cm ☐ 12 mm

7 **Wie viel Zeit vergeht vom Anpfiff eines Spiels bis zum Abpfiff?**

☐ 70 Minuten ☐ 90 Minuten ☐ 105 Minuten

8 **Welches Gewicht dürfen zwei Fußbälle maximal haben?** ______________

9 **Wie viele Feldspieler stehen bei einem Spiel auf dem Fußballplatz?**

☐ 10 ☐ 11 ☐ 20 ☐ 22 ☐ 24

Stress am Bahnschalter

So ein Betrieb wie heute war schon lange nicht mehr gewesen! Bereits morgens um 8 Uhr kamen die ersten Kunden zu Frau Sommer, der netten Dame am Bahnschalter.
„Einmal nach Graz und zurück", sagte ein junger, schlanker Herr mit Brille. Er zückte seinen Geldbeutel und zahlte den Preis für die Bahnfahrkarten. Dann packte er seine rechteckige, schwarze Tasche und eilte davon.

Gleich hinter dem Herrn stand eine junge Dame mit Hut und blauer Tasche in der Reihe und fragte: „Was kostet eine Fahrt nach Düsseldorf am Wochenende?" Frau Sommer erteilte freundlich Auskunft. Die Dame stellte ihre Tasche ab und kaufte die Fahrkarte. Wenig später war sie samt ihrer Tasche wieder verschwunden.
Kurz darauf kam ein altes Ehepaar an den Schalter. Die Dame trug einen Regenschirm und eine grüne Tasche, der Herr führte einen kleinen Hund mit sich. Sie kauften zwei Fahrkarten für den Sonderzug nach Salzburg. Gemächlich gingen sie mit Hund und Schirm wieder davon.
Nervös fragte kurz darauf ein vornehmer Herr mit einer auffallenden blauen Krawatte und einer kleinen, blauen Herrentasche: „Können Sie mir schnell zwei Tickets für den ICE nach Mailand für heute Nachmittag geben?" Natürlich konnte Frau Sommer das! Der Herr nahm Geld aus der Tasche, bezahlte die Tickets und lief mit den Fahrkarten und dem Geldbeutel in der Hand davon.
Ein dicker Herr mit Glatze stellte krachend seine blaue Aktentasche auf die Schalterablage. „Bitte eine Fahrkarte für den Regionalzug nach Wels!", sagte er. Als er davonging, beobachtete Frau Sommer, wie die schwere Aktentasche den Arm des Mannes nach unten zog.
Doch sie hatte wenig Zeit zum Beobachten, weil das alte Ehepaar noch einmal zurückkam. Sie hatten nämlich etwas vergessen.

1 **Was hat das alte Ehepaar vergessen?**

____

2 **Nachdem Frau Sommer dem alten Ehepaar sein Eigentum wiedergegeben hatte, entdeckte sie etwas: Auf der Bahnschalterablage lag noch eine Tasche. Wer hatte die vergessen? Kreuze an.**

- ☐ junger Herr mit Brille
- ☐ Dame mit Hut
- ☐ Frau Sommer
- ☐ altes Ehepaar
- ☐ Herr mit Krawatte
- ☐ Herr mit Glatze

Unterstreiche im Text die Kunden und was sie dabei haben.

3 **Wie viele Personen hatten eine blaue Tasche dabei?**

______ Personen

4 **Welche Dinge gehören zu wem? Male in der gleichen Farbe an.**

junger Herr | altes Ehepaar | dicker Herr | junge Dame | vornehmer Herr

Brille

Aktentasche

Hund

Krawatte

Hut

grüne Tasche

Regenschirm

schwarze Tasche

Anzeigen aus der Zeitung

A Die Party-Idee!

Feiere deinen Geburtstag in der Pizzeria. Du wirst mit deinen Freunden Pizza backen. Jedes Kind kann sie nach seinen Vorstellungen belegen. Zur Begrüßung erhalten alle einen Kindersekt. Pro Kind ist noch ein weiteres Getränk frei. Anschließend machen wir Spiele. Ein Fotograf schießt während des Festes Bilder und fertigt ein Erinnerungsalbum für das Geburtstagskind an.

- **Mindestens 8 Kinder zwischen 6 und 10 Jahren sollten es sein.**
- **Dauer: ca. 3 Stunden, samstag- oder sonntagmittags**
- **Kosten: pro Person 15 €**
- **Infos unter: www.paolinospizza-party.com oder unter Telefon 0 81 73 / 8 42 37**

B Geburtstagsspaß ohne Ende!

Unser großer Indoor-Spielplatz erwartet dich und deine Geburtstagsgäste. In einer Halle von 2 500 m^2 gibt es Platz zum Toben und Spielen. Es erwarten euch z. B.: Riesenhüpfburgen, ein Bungee-Trampolin, Spieletische, ein Labyrinth, Ballbecken, Kletterwände, Spiralenrutschen und mehr.
Kostenlos für alle: eine Saftbar und Popcornautomaten!
Wir organisieren auch betreute Spiele. In dieser Zeit können eure Eltern im angrenzenden Café entspannen.

Weitere Informationen:
Kinderland Miramix,
täglich geöffnet von 10 bis 18 Uhr,
für Kinder ab 8 Jahren

Ganztagesticket:
Kinder 7,50 €, Erwachsene 3 €

Mehr unter Tel.: 0 97 63 / 24 34 27

C Dino-Museum öffnet Türen für Geburtstagsfeste!

Der informative Kindergeburtstag! Wer will nicht einen spannenden und lehrreichen Geburtstag bei uns verbringen? Für Kinder zwischen 5 und 9 Jahren machen wir besondere Geburtstagsführungen. Gruppenstärke: maximal 20 Kinder! Nach der Führung gibt es die Möglichkeit, mitgebrachte Speisen und Getränke in unserer Cafeteria zu verzehren. Danach geht es weiter mit einem bunten Programm:

Spielen, Malen, Basteln oder Forschen nach Lust und Laune.

Das musst du wissen:
- 2 Erwachsene können kostenlos als Begleiter mit dabei sein
- Führung mit anschließendem Programm: 110 € (incl. Material und kleinem Geschenk)
- Mo – Fr 14 bis 17 Uhr und Sa / So 10 bis 13 Uhr

Anmeldung erbeten im Naturkundemuseum Oberreith, Telefon: 0 82 31 / 90 98 97

Beantworte die Fragen zu den Geburtstagsanzeigen aus der Zeitung.

1 Was wird nicht angeboten? Streiche durch.

- Geburtstag im italienischen Restaurant
- Kindergeburtstag im Cineplex-Kino
- Party im Dino-Zoo Hellabrunn
- Geburtstag in einer großen Spielehalle
- Badespaß-Fest im Wellenschwimmbad

2 Welchen Veranstalter kann man im Internet besuchen? ______

3 Hanna wird 10 Jahre alt. Welches Programm fällt für sie weg? ______

4 Jedes Kind hat an einer der drei Veranstaltungen teilgenommen. An welcher? Notiere A, B oder C in die Kästchen.

Textarten-Überblick

Diese Seiten geben einen Überblick, welche Textarten in diesem Ferienheft vorkommen und welche Aufgabenstellungen damit verbunden sind.

Erzähltexte

Brief an Tante Clara ______ 6
- gezielt Informationen entnehmen
- wortgenaues Lesen
- Textstellen ergänzen

Der Bastelnachmittag ______ 10
- Textstellen markieren
- Einzelinformationen sinnvoll zusammensetzen
- aus einem Text Anzahlen bestimmen

Laschwappenland ______ 14
- wortgenaues Lesen
- Wortsinn erfassen

Kinderzimmerkleiderschrank-unordnung ______ 24
- buchstabengenaues Lesen
- Textabsicht erfassen
- Wortbedeutung erfassen

Stress am Bahnschalter ______ 40
- gezielt Informationen entnehmen
- genaues Lesen

Märchen, Sagen, Fabeln

Die beiden Ziegen ______ 12
- gezielt Informationen entnehmen
- Textart erkennen
- wortgenaues Lesen

Der Löwe und die Maus ______ 36
- gezielt Informationen entnehmen
- Kernaussagen erkennen
- Vermutungen/Schlussfolgerungen anstellen
- Vergleiche ziehen
- die Absicht des Autors erkennen

Gebrauchstexte

Zeitungsartikel aus Grünhausen ______ 11
- gezielt Informationen entnehmen
- Bild und Textinformation vergleichen
- Überschriften zuordnen

Rezepte: Schoko-Obst und Salat mit Banane ______ 27
- sinnerfassendes Lesen (Wiederherstellen der richtigen Reihenfolge)

Anzeigen aus der Zeitung ______ 42
- gezielt Informationen aus Gebrauchstexten entnehmen
- Einzelinformationen heraussuchen
- wahre und falsche Behauptungen erkennen
- Schlussfolgerungen ziehen

Gedichte

Ein wundersames Haus ______ 4
- gezielt Informationen entnehmen
- Gedichtinhalt erfassen

Texte zum Knobeln und Nachdenken

Wer schreibt wem was? 8
- sinnerfassendes Lesen
- buchstabengenaues Lesen (Ergänzen fehlender Buchstaben)
- unvollständige, verfremdete Wörter lesen

Stolperwörter 26
- sinnvolle Sätze erkennen
- überflüssige bzw. sinnlose Wörter aus Sätzen streichen

Erstaunliches von uns Menschen 30
- gezielt Informationen entnehmen
- Informationen sinnvoll zuordnen können

Richtig oder falsch? 34
- sinnerfassendes Lesen (Auswahlsätze, richtige ankreuzen)
- sinnvolle Sätze erkennen
- wortgenaues Lesen
- wahre und falsche Behauptungen unterscheiden

Die neue Sitzordnung 35
- sinnerfassendes Lesen
- Zeichnungen nach Textanweisung vervollständigen
- Einzelinformationen in eine sinnvolle Reihenfolge bringen
- Aussagen in verschiedenen Textteilen berücksichtigen

Lustige Texte

Witzig, witzig 16
- sinnerfassendes Lesen (Zusammensetzen passender Satzteile)
- auf Schlüsselwörter aufmerksam werden

Lustige Rätsel und Scherzfragen 31
- sinnerfassendes Lesen (Zusammensetzen von Frage und richtiger Antwort)
- auf Schlüsselwörter aufmerksam werden

Sachtexte

Wildschweine 18
- gezielt Informationen entnehmen
- W-Fragen beantworten
- wörtliche Informationen im Text finden

Von Rittern und Burgen 20
- gezielt Informationen entnehmen
- wortgenaues Lesen
- W-Fragen beantworten

Wildbienen 22
- Informationen entnehmen
- vergleichendes Lesen

Was macht der Wurm im Apfel? 28
- gezielt Informationen entnehmen
- Wiederherstellen der richtigen Reihenfolge

Wolfgang Amadeus Mozart 32
- Textabschnitte finden und ihnen passende Überschriften zuordnen
- gezielt Informationen entnehmen
- Sinnwörter aus dem Zusammenhang erschließen
- Umschreibungen erkennen

Informationen für Fußballfans 38
- gezielt Informationen entnehmen
- wahre und falsche Behauptungen erkennen

Spaß ohne Worte

Tobias ist stumm. Er kann nicht sprechen. Welche Fragen kann er nur durch Kopfnicken (ja) und Kopfschütteln (nein) beantworten? Kreuze an.

- ☐ Wie geht es dir?
- ☐ Kannst du sprechen?
- ☐ Magst du mitspielen?
- ☐ Spielst du gerne Lego?
- ☐ Hast du Geschwister?
- ☐ Wie viele Geschwister hast du?
- ☐ In welche Schule gehst du?
- ☐ Warst du schon einmal in Italien im Urlaub?
- ☐ Hast du ein Haustier?
- ☐ Welchen Film hast du zuletzt im Kino gesehen?
- ☐ Wollen wir einmal zum Schwimmen gehen?
- ☐ Wie verständigst du dich mit deinen Eltern?
- ☐ Isst du gerne Pizza?
- ☐ Welches ist deine Lieblingspizza?
- ☐ Was ist deine Lieblingssportart?
- ☐ Bist du schon einmal geritten?
- ☐ Was hast du zu deinem letzten Geburtstag geschenkt bekommen?
- ☐ Hast du ein Fahrrad?
- ☐ Was wünschst du dir zu Weihnachten?
- ☐ Welches Schulfach magst du am liebsten?
- ☐ Möchtest du etwas zu trinken?
- ☐ Wollen wir Freunde sein?
- ☐ Wann treffen wir uns wieder?

Für weitere Informationen steht Ihnen gerne Ihre VERITAS-Kundenberatung zur Verfügung.
Rufen Sie einfach an, schicken Sie ein Fax oder ein E-Mail!
Tel. 0043/(0)732/776451/2280, Fax: 0043/(0)732/776451/2239
E-Mail: kundenberatung@veritas.at
Besuchen Sie uns auf unserer Website www.veritas.at

Originaltitel: Deutsch-Stars 3 Lesetraining
Erarbeitet von: Cornelia Scholtes, Ursula von Kuester, Annette Webersberger

5. Auflage (2021) entspricht der Rechtschreibreform 2006.

Auf umweltfreundlichem Papier gedruckt bei: siehe https://produkt.veritas.at/35178#additional
Lektorat: Antje Bauditz, Kerstin Kauffold
Bildredaktion: Alexandra Rittberger
Herstellung, Umschlaggestaltung und Layout: Andrea Hackl, Alice Wüst, Julia Bamberger
Illustrationen: Sandra Reckers, Münster; Detlef Seidensticker, München
Umschlagfoto: ms.foto.group/Linz
Satz: MOOI Design

ISBN 978-3-7101-0379-7

Puzzle